颠覆式 招生

陈磊 ◎ 著

图书在版编目（CIP）数据

颠覆式招生/陈磊著. -- 北京：五洲传播出版社，2016.9
ISBN 978-7-5085-3493-0

Ⅰ.①颠… Ⅱ.①陈… Ⅲ.①少年儿童—美术教育—教育培训—组织机构—市场营销 Ⅳ.①F713.50 ②J

中国版本图书馆CIP数据核字(2016)第171365号

策　　划：王　茹		责任校对：陈婧岩　杨　帆	
责任编辑：黄金敏		封面设计：刘志华	

出版发行：五洲传播出版社　　　　　电　　话：010-82005927
地　　址：北京市北三环中路生产力大厦B座6层
网　　址：http://www.cicc.org.cn　　　邮　　编：100088

印　　刷：北京华联印刷有限公司　　　邮　　编：100176
督　　印：北京三羌文化传媒有限公司

700×980　1/16　　　　　　　　　　14.75印张　170千字
2016年10月第1版　　　　　　　　　2016年10月第1次印刷
　　　　　　　　　　　　　　　　　　　定价：68.00元

本书如有印装质量问题　可找本社市场部更换

目 录
Contents

INTRODUCTION ｜ 前　　言

CHAPTER 1 ｜ **少儿美术培训中常见的招生问题** / 001

　　　　第一节　竞争激烈、实力弱、方法少 / 003

　　　　第二节　发现问题，解决问题 / 015

CHAPTER 2 ｜ **招生的本质——抓潜（一）** / 025

　　　　第一节　什么是抓潜 / 027

　　　　第二节　七种抓潜的方式 / 034

　　　　第三节　获得生源的九种方式 / 037

　　　　第四节　抓潜的注意事项 / 059

　　　　第五节　提高抓潜的数量和质量 / 064

CHAPTER 3 | 招生的本质——抓潜（二）/ 073

　　第一节　资源整合 / 075

　　第二节　杠杆借力的核心本质 / 082

　　第三节　杠杆借力的三把金钥匙 / 091

　　第四节　杠杆借力的核心流程 / 098

CHAPTER 4 | 报　名 / 109

　　第一节　价值的塑造 / 111

　　第二节　建立信任 / 124

　　第三节　十个让家长报名的秘诀 / 129

　　第四节　报名流程的设计与优化 / 151

CHAPTER 5 | 续班（一）/ 159

　　第一节　续班的基础 / 161

　　第二节　续班的流程 / 167

　　附　录　某少儿美术培训机构的续班通知 / 177

CHAPTER 6 | **续班（二）** / 183

　　第一节　老生流失的原因 / 185

　　第二节　为什么要做好教学服务 / 193

　　第三节　如何做好教学服务 / 197

　　第四节　处理异议的方法 / 204

CHAPTER 7 | **转介绍的核心——打造口碑** / 209

　　第一节　如何打造口碑 / 211

　　第二节　打造口碑的三大法则 / 218

POSTSCRIPT | 后　记 / 225

前言
Introduction

关于招生这个话题，很多老师既期待，又羞于启齿，为什么呢？是我们这个行业的属性所决定的。我们想教书育人，可是现实中又不得不为五斗米而奔波。想一心做教学，可是还要面对市场激烈的竞争；想简简单单地工作，可是画室的经营过程中遇到的问题却越来越多。

让一个一直持有美术思维模式的人，非要变成一个具有经营思维的人，这个转变是很辛苦的。在我和许多老师的接触中，越来越深刻地感受到老师们的这种困惑与无奈。

因为在正式进入少儿美术这个行业之前，我已有了近10年的营销策划类的工作经历，所以在营销和招生上有一些心得与体会。这些宝贵的经验在画室运营中起到了重要的作用。

而我在闲暇时，也为全国的老师进行了一些线上的分享，后来因为时间的关系，搁浅了一段时间。在这段时间，我走访了全国大量的少儿美术培训机构，并和众多的老师进行了交流。我发现老师们对营销、招生还是一头雾水、似懂非懂。他们参加了一些相关课程的培训，回去后才发现不知道怎么把学到的东西运用到工作中去，使学到的知识很难落到实处。

其实这不能怪课程，也不能怪我们老师，因为这是两种截然不同的思维方式，任何营销的课程到了少儿美术的招生上，都需要思维的转化，而这个转化，必须建立在一定的理论基础和实践经验之上，恰恰问题就出现在这里，我们美术老师大部分没有这方面的知识储备，所以就感觉营销很远、招生很难。

为什么我们的老师总是觉得招生很难、营销很难呢？他们为什么从骨子里就排斥营销和招生呢？我个人的理解不是你排斥招生，相反你对招生保持着极大的期望与热情，但是问题在于你不知道招生的方法、不知道营销的方法，驾驭不了招生和营销。

当一个人做不好一件事的时候，本能地就会逃避、本能地就会抗拒。所以你才会给自己找一个理由和借口：我是一名老师，我不想去想这些，我只想把小孩教好。其实这只是自欺欺人的想法，因为你根本不想面对市场的压力。

我们校外教育，招生、教学、管理每一个点都很重要，每一个点都要做好，这是你必须要做的事，而不是你想不想做的事。

鉴于此，我就萌生出写一本针对少儿美术机构的营销策划类的书籍，我不写高深的理论，只求大家能看得懂、用得上。而且这并不是一般意义上的招生书籍，给你的不仅仅是一些简单的案例集合和一些太过于具体的技巧。更重要的是给你一种思维模式："授人以鱼，不如授人以渔。"通过这样的思维模式，不但让你找到适合你的招生方法，而且你还会举一反三。

为什么我想要这样做呢？很简单，成功不能复制，因为一个成功的方案或者案例是综合时间、地点、环境、人的因素才有可能成功的。虽然成功不能复制，但是经验和方法是可以借鉴的，所以，这本书就是聚焦在策略和方法上，用最实战、最高效、最实在的经验与你分享。

而这本书的核心就是"招生九字诀"：抓潜＋报名＋续班＋转介绍。

本书的所有章节和内容都是围绕着这九个字而展开，不要小看这九个字，几乎所有学校的招生的方法、策略，甚至一些管理、服务的内容都离不开这几个字。接下来的时间，我就为你展开一个神奇的、五彩斑斓的营销世界。

如果你仔细看完这本书，并且用心阅读，仔细做了笔记，相信这本书的内容一定会为你所用，不但会为你招来源源不断的生源，而且会帮助你提高工作和生活质量。

陈磊

CHAPTER 1

少儿美术培训中常见的招生问题

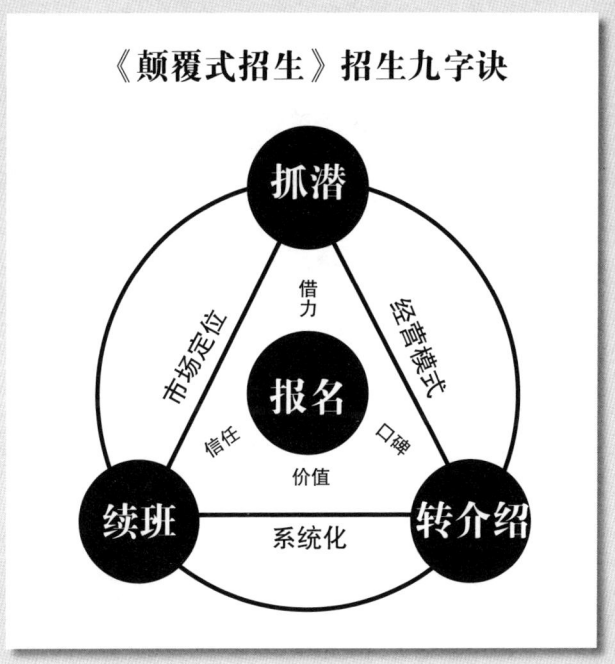

对于一个少儿美术培训机构来说，招生到底重不重要？

相信你的回答一定是很重要。但是你肯定又会说，我们是做教育的，我们需要招生，但是不要那么商业化。

可是，招生就是商业吗？商业和我们的教学，就如同水火不相容吗？

任何事物从不同的角度观察都会有不一样的结果，我们不屑、甚至鄙视的商业、招生、营销、金钱，其实与我们所热爱的教学、我们所热爱的少儿美术教育一样重要！

为什么呢？当我们的学生多了，收入高了，我们的工作和生活就变得稳定。相信你跟我一样，每次开学都有开学焦虑症，生怕孩子不来，或者学生人数减少。试想如果我们的生源稳定了，我们就不用担心学校和家庭的正常开支了。都说家和万事兴，一个家庭，柴米油盐酱醋茶，每一样都是开销。如果父母有个急事、急病却拿不出钱来，我们岂能安心地钻研教学和全心全意地给孩子上课？家庭稳定才是事业发展的基础，才可以让我们做到心无旁骛、全力以赴！

当你专注在教学上，你的教研能力就会提高，学生的收获也会更多，进步也会更大，这样你的口碑就会越来越好。口碑好，续班就没问题，转介绍也会越来越多，你的生源就会稳定增长。这个时候只要你在招生活动上做一做宣传，让更多的家长和孩子知道你、了解你，体验你的教学，你的口碑就会促使新生更快地报名，这才是一个机构的良性循环。

下面，我们就分析一下，招生中常遇到的一些问题。

第一节
竞争激烈、实力弱、方法少

一、你真觉得是招生的问题吗

一个机构人数的稳定增长，一定不是营销的作用，也不是招生的作用，甚至不是你所认为的课程的作用，而是一个系统的作用，这个系统包括以下五个方面：

1. 完整的课程体系：解决产品的问题。
2. 培训教师的体系：解决使用产品的问题。
3. 完善的组织架构：解决管理的问题。
4. 家校服务沟通体系：解决家长与学校沟通的问题。
5. 招生与营销体系：解决宣传和招生的问题。

招生的问题有的时候真的不是招生本身的问题，而是一种综合实力的体现。如果觉得你的生源不稳定是招生的问题，你可以对应以上的五个方面，每个方面按 20 分来进行评估，看看你能获得多少的分值。如果你的分值连自己都觉得不高的时候，别人不选择你是很正常的。

任何的产品都有前行者、后行者、替代者、同行者。比如你去一个超市买洗发水，洗发水的种类对你来说太多了，无论是顺滑、去屑、保养、养护、黑发你都有选择。我们少儿美术培训对一个家长来说，跟我们选择一瓶满意的洗发水没有本质的区别，面对这么多少儿美术培训机构，机构的位置、环境、第一次沟通、课程体系、作品呈现、口碑评价、教学理念等，这些都是家长报名时需要考虑的因素。如果你仅仅认为做一次招生的活动，得到一个什么营销秘籍就可以让你的生源几何般地增长，我可以确定地告诉你，就是有的话，也离倒闭不远了，因为你的能力不匹配你现在所服务的学生和家长。

所以，以后千万别说：机构人数增长缓慢是因为不会招生。你的机构人数增长缓慢，是因为你确实没有把一个少儿美术机构的所有系统做得完善。

▶ 案例：

在某一次活动的现场，有位老师咨询如何快速地招生。因为他新开设了一个校区但招生很不理想，所以就问有没有能马上招生的方案。其实我很理解这位老师的想法，也能体会她目前的困境，可问题是在教学、师资、作品、理念、沟通、团队都不完善的情况下，想让别人选择你是很难的。

后来给她举个例子，如果你是一位家长，面对你的学校和一家 2000 人的学校，你会选择哪一个？如果不是特别的情况，一定是选择 2000 人的学校，因为人们总是这么想，既然是2000人选择的学校，一定有他成功的地方，有他存在的道理，这个选择不一定是最好的，但一定不是最差的。

二、是你的问题还是家长的问题

相信你一定认为自己的生源增长缓慢，是因为自己不擅长招生，看到别人的生源一直增长或者别人的画室活动做得有声有色，就觉得别人营销做得好。但是你有没有想过，你引以为豪的教学是不是有问题、你跟家长的沟通是不是有问题、你在授课的时候是不是也有问题呢？

先说教学，你的课程是不是已经形成了属于自己的课程体系？你的教学是你喜欢的、孩子喜欢的，还是家长喜欢的？你所认为好的教学作品、你所认为的艺术感，我们的家长能不能接受呢，或者说家长能不能认同呢？不要小看这些问题，如果你还没有意识到这些问题，你的生源一定会受到影响。

无论你愿不愿意、承不承认，在某种程度上，教学的成果必须满足一些家长的需求。不能都是让你一个人玩、让你一个人高兴。一旦家长不高兴了，后果就很严重，因为他马上会跟你说拜拜了。

所以，我们的课程一定要能满足美术教育启蒙、满足孩子的天性、满足家长的部分需求。所有的课程都必须围绕这三点展开，否则就是自娱自乐。

现在说一说沟通的问题，你机构内的老师能力是不是都能达到很高水准。因为一个机构的人数增长，一定是老师的综合能力的体现，或者说培训老师的体系是一个机构的核心生命力。而老师的授课方式、老师和家长的沟通方式，决定着你机构的续班率和流失率。这些都需要进行一定程度的培训，而不是让老师自己去感悟如何去与家长沟通。

最简单地来讲，比如：你的沟通仅限于讲一些关于作品、画面的东西，是不是家长关注的焦点就在画面上了？当每次都讲画面，家长在无形之中就会对画面的要求越来越高。试问一下，一个孩子的学习，每天都在提高吗？如果一直加难度的话，孩子会不会感觉到很累，最后不学了呢？如果画面没有达到家长期望的那样，那么家长就觉得这里可能没什么东西学了，要换另外一家试试了。

不要天天讲画面效果，完全可以讲一些别的内容，例如：关于孩子教育的话题，关于生活的一些话题。把精力放到让孩子学到了什么，而不是画了什么。

如果你能明白上面的几个字，你跟家长的沟通就会有一次彻底的颠覆。因为对每一位爸爸妈妈来说，希望孩子学美术，是希望孩子从中学到了什么、获得了什么，而不是单纯的学会画一张画。记住，美术是一个载体，这个载体承担了我们对孩子的教育理念，还有方法和措施。

谨记这句话，我们培训行业一定是**"用专业吸引人，用情感链接人"**。家长不选择你的最大理由就是你不够专业，家长能持续地选择你是因为你够专业，和你的情感又够好。

三、家长愿意选择什么样的美术培训学校

刚才说了，一个家长的可选择项太多了，除了少儿美术，少儿舞蹈、

跆拳道、乐器都是孩子学习才艺的科目，我们用什么能吸引家长和孩子来我们的机构，或者说让家长选择我们的理由有哪些呢？

想象一下，环境优美、教学理念好、课程体系完整完善、老师经验丰富、活动多、口碑好，这些好像都是，但是还是觉得不够吸引他们。如果你能挖掘出更多的让家长和孩子选择你的机构的理由，你在做宣传、沟通的时候，底气、信心应该会更充足一些。

所以，你现在需要列出家长为什么要选择你的50个理由，这个理由你必须要自己写出来，这样你才会明白你所拥有的东西是别人不具备的。

▶ **案例：**

家长必须选择东东西西的50个理由：

注：东东西西是一家在行业内口碑良好的少儿美术培训机构。

1. 东东西西持续的投入金钱、时间、精力，不断学习、思考总结出更适合儿童成长轨迹的少儿美术教育体系。

2. 东东西西的负责人陈老师，一直为全国的老师进行分享与培训。

3. 东东西西与全国多家少儿美术机构达成战略联盟。

4. 东东西西是武夷山唯一以教育为取向的少儿美术培训机构。

5. 唯一深入到艺术教育层面的少儿美术培训机构。

6. 唯一关注儿童心理健康成长的少儿美术培训机构。

7. 唯一具有教学研发能力和完善课程体系的少儿美术培训机构。

8. 老师都具有多年的教学经验。

9. 老师都是专职。

10. 具有完善的教师培训体系。

11. 老师必须不断地学习、升级。

12. 老师与家长进行良好的互动沟通。

13. 团队是一个充满正能量的团队。

14. 课堂的学习氛围好。

15. 以轻松、快乐的方式授课。

16. 以多种方式引导教学。

17. 经常与孩子和家长相互交流、相互互动。

18. 培养孩子融入团体与人际交往的能力。

19. 采取小班授课制度，每个班级不超过12人。

20. 拥有属于自己的课程体系。

21. 根据人格发展心理学为依托来设置的课程体系。

22. 每节课有教案、说课、评课。

23. 每节课有课后反思。

24. 每节课的作品有记录、有拍照、有点评。

25. 课程体系不断地升级。

26. 各种大型、小型、室内、室外的活动，丰富孩子的社交生活。

27. 每个学期都有亲子课。

28. 为自己的学生谋取各种福利，比如免费的摄影、游乐门票、各类优惠券等。

29. 免费的家庭教育讲座，回馈支持东东西西的家长。

30. 培养孩子独立的性格。

31. 培养孩子自信的能力。

32. 培养孩子表达的方式。

33. 培养孩子沟通的方法。

34. 培养孩子品位的养成。

35. 东东西西的老师真诚地面对每一个孩子与家长。

36. 东东西西的老师耐心指导每一个孩子。

37. 东东西西的老师贴心关怀每一个孩子。

38. 东东西西的老师对每一个孩子都用心付出。

39. 东东西西的学费一定是价值高于价格。

40. 东东西西的孩子在武夷山就能享受到北上广深一样的少儿美术教育。

41. 让孩子享受绘画的乐趣。

42. 让孩子获得绘画的自信。

43. 让孩子获得绘画的成就感。

44. 让孩子成为家庭的焦点，班级中的小画家。

45. 在东东西西学习过的家长和孩子反馈好。

46. 东东西西的学生大部分是转介绍而来。

47. 提高孩子的注意力和学习力。

48. 通过正确的美术教育，增强艺术的修养，受益终身。

49. 通过美术提升孩子认知、感知、感受美的能力。

50. 通过美术，培养孩子生活的鉴赏能力，比如服装搭配、家居环境的布置等。

四、发现需求和洞察需求的区别

发现和洞察是两个截然不同的概念,发现是表面的,而洞察才是直击**本质的**。如果从少儿美术的角度来看,发现需求就是一个孩子喜欢画画,家长找一个机构让孩子学习绘画。而洞察却是从一个孩子的画面看到这个孩子在家里受到过什么样的教育,包括亲子关系、夫妻关系、家庭关系等。如果你能洞察并帮助家长解决一些家庭教育的痛点、难点,相信这个家长和孩子对你的认可度、黏性比你想象的要高得多,毕竟孩子未来的生活方式和成长所需要的教育是最关键的。

但是,洞察是需要发现生活中的细节,也需要对孩子投入最真切的关怀。如果不用心观察孩子,你就不会知道孩子的性格如何;如果不知道孩子的性格,你就不知道用什么样的方式跟孩子相处,这些都是相辅相成的。

▶ **案例:**

在东东西西的学生中,有一个大班的小女孩,非常爱画画。本来画得好好的,可是最近突然间情绪很不对劲,动不动就跟家里人闹脾气,也不想来画画;来了也是躲在一个角落里画,并且动不动就哭。总而言之,小女孩的行为变得很古怪。经常来送她的爷爷拿她一点办法也没有,后来就强行地带她来画画,但来了她还是哭,还是闹。她爷爷说,看着她不想来学画画就说:"真的不想来以后就不要学画画了。"

如果是你的机构出现这种情况后,你会怎么解决呢?

孩子的世界是很简单、很单纯的,她的任何的行为背后都有一个动机,其实她情绪不稳定、老是哭闹的真实原因只是她的妈妈生了二胎而已。因为原来的焦点、所有的爱都在她的身上，结果妹妹一出生，所有人都关注妹妹了，忽略了她的感受。对一个孩子来说，所有人的爱被转移到别的地方，没人关注到她，孩子就用她本能的方法，不合作、哭闹的方式来表达自己的不满。

后来我跟她的爷爷沟通的时候，反复地强调，虽然有了妹妹，但是家里对她的爱一点都没有变过。无论是爷爷、奶奶、爸爸、妈妈都需要用正确的表达方式传递给她这个信息，让她感受到爱。而不是妹妹的到来，就剥夺了她应该有的东西。

经过几次的反复沟通后，不但把她爷爷说通了，她爷爷还叫她奶奶来画室一起听怎么应对这种情况。后来几次来画画时，还把她妈妈也叫来，接送她上学放学。后面的沟通中我们一直反复强调，如果不想来东东西西画画没关系，但是孩子这么喜欢画画，就算不在这里学，也可以去别的地方学，一定要把画画这个爱好坚持下来。

而这件事的最后的结果我相信你应该也猜到了。

五、认知所造成的错觉（越怕孩子不来，孩子越不来）

不知道你有没有这样的经历，就是很怕孩子学了一个学期后不学了，所以就运用各种花样和手段，美其名曰提升服务、提升附加值。就像我以前弄了什么漫画书、棒棒糖、自制的小冰棒等手段，目的就是想让孩子继续学下去；可是你会发现，你弄的这些所谓的服务创新都是没用的，家长和孩子选择继续跟你学下去的理由根本就不是这些，有的家长还会质疑你不好好教书，天天弄这些没用的东西干什么。

这个时候你一定会感觉很委屈，我都这么努力、这么付出，为什么家长和孩子还是不理解我所做的一切呢？

你越担心孩子不来，孩子越不来。为什么呢？因为从本质上你没满足、解决家长和孩子的需求，说得更简单一些，就是你的产品质量不好，你的产品是什么？就是你的教学。你的教学还没有达到一定"程度"。

这个"程度"是打引号的，教学一定要根据你当地的实际情况进行调整，千万不要用拿来主义。现在很多网上的课例、课程加盟和品牌加盟，并且这些课例和加盟都挺好，你可以借鉴和买到他人的经验，但是，一定要谨记，就算加盟了，你的课程也要经过消化，因地制宜地进行调整，要不很有可能水土不服，这个后果是很严重的。

你一定要在课程上做到够专业。课程必须形成系统的体系，最好是递进式的课程，让所有的家长和孩子看到自己现在处于什么阶段、接下来学什么阶段的课程。这些不但你自己要有谱，还要传递给你的家长和孩子们，让家长和孩子们知道，这个学期学完了，下个学期学什么。

关于课程的话题，本书不做过多的讨论，但是请你一定记住，产品才是营销的根本。如果教学做不好，所有的服务、招生、管理都是纸老虎，不值一提。

▶ 案例：

北方某个小城的美术机构，每节课要3个小时，每节课的费用30元，可以说是时间长、费用低。为了让孩子能继续地学下去，这个机构要求老师每节课都要挖空心思，运用各种工具材料，让每节课都有趣、好玩，不断刺激孩子学习美术的积极性。

很可惜，理想很丰满，现实很骨感，它越是这样做，孩子流失的概率就越大。因为靠外力刺激的方式，一旦没有了刺激，没有了兴奋点之后，孩子马上就没兴趣了。当一个孩子把所有的工具材料都尝试过了，什么画种都已经学过了，也许就不爱学了；家长也有同样的反映，你教的东西不是以前学过了吗？

如果课程体系不完善的话，就不能把握教育、教学、孩子、家长的各方面综合需求的课程。一个孩子在你的机构学习了2年以上，家长看不到实质性的进步，一定会跟你挥一挥衣袖，不带走一片云彩的。

六、知道问题后如何改变和行动

相信你一定参加过一些课程，阅读过一些书籍，甚至观摩过很多视频，每一种学习的方式，都会在某种程度上给你带来提升，这就是学习带来的好处。但是你要知道，学习后的成果会有四个层次，分别是：知道、懂得、做到、做好。

虽然看上去差别不大，但这是四个完全不同的概念。

知道的层次：比如，你读了一篇文章，参加了一次课程，看了一段视频，这个阶段只是你感觉很好，好像也明白了一些东西，但是怎么去做还是有些迷惑。你仅仅是知道了这个信息而已。

懂得的层次：是你得到这个信息之后恍然大悟，会觉得原来是这么一回事啊，我以前怎么没想到呢。这个阶段你会觉得兴奋，感觉自己掌握武林秘籍一般。

做到的层次：其实就是执行层面，是你学到、感悟到的东西，运用到实践当中。这个时候你才会发现，你掌握了那么多的方法，其实到了执行的时候，会感觉很多跟你想象的不太一样，而做了以后的结果其实你也是未知的。

做好的层次：是你对事物的本质了解且去做了以后，你才会发现哪里是正确的，哪里是需要调整的。为了解决问题，需要不断地调整方法、改进方法、优化方法，这就是解决问题的最好方式。因为把一件事做好，真的需要付出太多的辛苦和劳作。

▶ 案例：

知道层次：地球人都知道一个少儿美术机构最关键的就是教学和课程体系。

懂得层次：经过自己的实践经验总结和一些系统的学习整理后，对课程已经有了一些模糊的概念和认识。

做到层次：把脑海里所认知的课程体系，通过文字、作品整理和呈现出来，并且运用到正常教学中。

做好层次：不断深入学习钻研课程体系，探索工具材料的运用，不断升级教学方法，了解和掌握儿童的心理，对教育进行掌控等。

这个小节最核心的中心思想就是行动，唯有行动你才知道你的想法是否可行，在行动的时候你才可以不断调整你的策略和方法；唯有行动才会让你产生结果；唯有行动，才会促使你把每一个细节做好，并且持续地做好；不断地优化，这样才能提升你在市场中的竞争力。

第二节
发现问题，解决问题

在过去的一年里，你的画室是否感觉到生源受阻、发展缓慢、团队缺乏凝聚力，甚至觉得有点失控呢？是否你也尝试了各种方法，参加了各种培训学习，可是到头来还是一无所获呢？为什么会这样，看看你是不是经历了以下这些情况。

1. 新生报名越来越难，获得新生的成本越来越高。
2. 画室的活动越来越多，但就是起不到招生的作用。
3. 续班开始越来越困难。
4. 画室越来越多，让家长报名越来越难。
5. 越来越多的竞争对手，不断蚕食市场份额。
6. 网络高度发达，课程却出现同质化的趋势。

以上这些问题大部分是困扰校长的噩梦，于是很多的校长开始去盲目地学习和使用各种各样的营销工具，很可惜，大多数情况依旧没有好转。你要仔细想一下，为什么你的生源会毫无起色呢？这件事情的本质在哪里呢？

从我的角度来看，你忽略了营销的本质。要知道，营销的本质是不会变的，你必须掌握营销的本质，才能更好地运用工具。当你没有真实触碰和掌握营销本质的时候，使用任何的工具都无法达到预想的结果，造成你面临这些困难的罪魁祸首主要有以下几个原因：

一、没有精准定位

当你的画室陷入困境或者想获得更大发展的时候，请你停下来问自己一个问题：校外少儿美术教育的本质是什么？

如果忽略了本质，就失去了方向，再多的努力也白搭。

所以我经常问老师一个问题：你能用一句话，清晰地描述一下你潜在生源的特征是什么吗？其实很多老师只是模模糊糊的有个概念，却无法用清晰地语言描述出精准的潜在生源的特征。当你不能清晰地描述的时候，你就不可能知道你的生源在哪里，更不知道如何去获得生源。

校外少儿美术教育的本质是围绕着一群家长（商业的行为）和孩子（教育的行为）而展开的商业活动与艺术教育活动，在满足家长和孩子的双重需求下，提供家长、孩子所需要的教学和服务。

通过这个本质我们可以看到，校外少儿美术教育事业的核心就是客户和用户之间的关系。经营的过程中我们要清楚地明白我们的客户、用户是谁？我们的用户是谁？用一句通俗的话来说就是谁付钱给我们？谁享受教学和服务？

少儿美术这个行业的特殊性在于：付款的人和享受教学服务的人不是同一个人。所以很明显，我们的客户就是我们的家长，因为家长是付钱的人。而我们的用户是孩子，因为孩子是享受我们教学服务的人。

▶ 案例：

为什么努力换不到想要的结果？

有两家学校的校长，都感受到了移动互联网的影响力，在网络上看到某个学校利用微信招生获得良好的效果，所以就都开始使用微信作为招生的手段。

其中一个学校的校长利用网络，找到快速加好友的软件，一天24小时不停地加好友。他的好友人数不断地上升，他感觉自己的生源就像自己的好友一样，马上就可以节节攀升了。但是执行一段时间下来，发现因为人数过于庞大，无法清晰地归类，因此没有办法进行针对性的互动，所有的好友都变成了无用的数据。

另外一家学校校长在使用微信营销之前，他在想：微信的本质在于信息更快达到精准人群面前，但前提是必须找到适龄孩子的家长。

于是，他认真分析了自己的精准人群是谁？精准的人群在哪里？当他分析完这些营销本质问题的时候，他找到了美容院、瑜伽馆、童装店、麦当劳、肯德基等，这些跟自己的行业不冲突的场所，并在这些场所举办了扫码送礼品的活动。通过小礼品轻松获得这些场所客户的微信号，并加为好友。有了这些精准的人群，他又与他们互动，分享家庭教育、亲子关系、美术教育的知识，并且跟很多的家长建立了好友关系。

通过这个案例你可以看出来，好的营销工具很重要，但是更重要的是抓住事物的本质，**在营销最开始的时候，你要先定位精准的人群**，找到一个适合的方式，去进行挖掘。无论是传统的地面推广，还是前沿的移动互联网营销，精准定位是成功的前提，如何清晰地定位自己的目标人群，你可以问自己以下几个问题：

1. 谁会付钱给我？我的精准人群是谁？
2. 精准人群有哪些特征？年龄？爱好？
3. 精准人群选择我们的理由是什么（参考选择东东西西的 50 个理由）？
4. 精准人群有哪些需求，他们存在的问题是什么？

二、缺乏吸引生源的方法

在学校的经营中，获得生源的主要方式是什么？很多学校和老师获得生源的方式基本是靠"等"，等着家长和孩子上门。有些人获得生源的方式主要靠大量的广告，有些人则是靠大量的电话邀约等。随着需求的不断变化，消费水平的不断提升，这些推销式的营销方法渐渐地失去威力，甚至让人厌恶。但是，如何才能持续地获得生源呢？

培训行业是一个不进则退的行业。如果你的机构不持续前行，就意味着你们一定会被同行超越。最后你们的命运只有一个，就是你们的学生到了竞争对手那里，而随着你机构的人数不断地萎缩，你们会最终被排出市场。

所以你能做的事情只有一件，就是不断地学习、不断地进步、不断地获得生源、不断地一步一步扩大你们的影响力和市场。

获得生源是一个系统的过程，任何新生都要经历"知道—了解—关注—兴趣—报名—传播—续班"的整体过程。在这个过程中，让别人知道你是第一步工作，然后通过各种方式把你想传递的信息传递出去，让新生对你有一个直观的印象。如果能形成记忆点和重复传播就更好了，你所传递信息目的只有一个，就是让新生快速响应，让他们有意愿多了解你、接触你，从而达到让新生来你画室试听的目的。

当然，还要通过更多的渠道来获得新生的资源，运用更多的策略、更多的广告渠道，借力相关商家、借助老生的转介绍等获得新的生源。

也许你读过一些营销方面的书，也参加过一些营销方面的课程，但始终是处于"零散的想法不断、系统的思维缺乏"的困境。看过的书、学过的课程到了真正运用的时候，却不知如何下手。记住，零散的想法没用，只有系统的思维才能助你得到源源不断的生源。当你的机构无法系统地获得生源时，你的画室就无法扩大。在获得生源的手段方面，你可以问自己以下几个问题：

1. 你知道生源主要来自哪里吗？
2. 你有多少种获得生源的策略？
3. 你测试过多少种获得生源的方法，尝试过哪些新的方法？
4. 如何吸引新生的注意力？获得生源的步骤是什么？
5. 怎样布局更多的渠道为你源源不断地输送生源？

三、教研能力薄弱，缺乏核心的竞争力

家长为什么要让孩子一直在你的机构里学习？你给家长选择你的理由是什么？这是一个很残酷的问题。如果给不出这个理由，你的学生和家长很可能就去你的竞争对手那里。所以你要非常清楚地知道你的核心竞争力是什么？你卖的东西是什么？其实你卖的就是课程与服务，所以课程方面既要满足家长和孩子的本身需求，又要符合孩子成长和教育的规律。如果你的机构一味地追求教育、追求教学而不去考虑家长的需求，这是很难持续发展的。当你能找到机构、家长、孩子、市场、教育的平衡点，你就会发现新大陆。

从家长的角度，展示你的机构独特的价值。你要通过不断地提升教学、课程体系和服务的细节，真正找到你的机构和产品的核心优势。并且将这一核心优势放大，达到广泛认知的程度，从而在众多的竞争对手中脱颖而出。家长的每一次报名、续班，都是购买教学和服务背后的价值，因为这些价值可以满足家长和孩子的需求，所以想让生源倍增的核心工作就是不断提升教学和品牌价值。打造核心竞争力，这就是你每天的工作。

你要告诉家长，他们的选择是一个最英明的选择，你可以让他们的孩子得到最好的美术教育。你找到学生和家长的真实需求之后，调整你的机构的教学体系和服务流程，并推动机构的变革与创新，让学生和家长获得更多的价值，这是突破同质化竞争的根本。针对核心竞争力这一块，你可以问自己以下几个问题：

1. 你们的机构有哪些优势？

2. 你们的教学有哪些与众不同之处？教学的独特卖点是什么？

3. 你们有哪些竞争对手？他们具有哪些优势与劣势？

4. 过去一年，你们是否每个月都在提升教学水平和完善课程体系？

5. 你们在家长心目中的形象是什么？这个形象清晰吗？

四、缺乏营销和销售的知识与能力

为什么家长报名那么难？为什么家长越来越挑剔？这是我们招生的最大难题。在我们看来，有了好的老师、好的教学，就一定会拥有很多的生源，但事实往往并非如此。在家长还没有体验到产品与服务的价值时，他的内心是不信任你的，也不相信你的教学和服务。不信任和疑虑往往导致家长犹豫不决，甚至直接放弃报名学习绘画的念头。

如果没有很好的方法与家长快速建立连接，那么你将很难启动报名的流程，因为信任是报名的大门。同样，如果你无法消除家长在报名时的疑虑和担忧，那么你也很难让他立即掏钱。当你做到建立信任和消除疑虑这两点的时候，你还要有一套系统的流程：在整个报名过程中给家长很好的报名体验，建立完整的营销系统，提供人性化的报名体验。这些同样是营销成败的关键。

在整个报名的过程中，有很多可以让你的机构快速提高报名的方法：可以考虑新的报名方式，也可以考虑新的渠道，包括网络营销、微信营销等。但无论如何，你的机构必须建立完整系统的报名流程，在提高报名率方面，你可以问自己以下几个问题：

1. 你用哪些方法与家长快速建立信任？

2. 你用哪些方法消除家长的疑虑？你是否主动为家长承担报名后的风险？

3. 你尝试过多少种招生方法？你知道每一种方法的效果吗？

4. 在过去的一年里，你是否用过新的招生方法？

5. 你是否能让家长更方便、更便捷地报名？

6. 你是否尝试更多销售渠道？美团？微信？

五、不善于资源整合

永远不要单打独斗！ 在这个移动互联网的时代，一个人的成功，一定要进行关联，一定要与其他人合作。现在的社会没有任何一个人能知晓和精通一切，当你选择单打独斗时，你也就选择了与世界为敌，最终的结果就是被市场残酷地淘汰。

"合纵连横"是战国时期军事家必备的策略。当今市场竞争的激烈程度不亚于军事战争的态势，你更要学会整合资源、相互借力。社会上可提供整合的资源有很多，你的机构要做的就是不断提升自己整合资源的思维，学会发现社会上的优质资源，并以很合理的方式进行整合，这样就可以快速地强大自身的实力，从容地面对激烈的市场竞争，实现快速发展。

整合资源方面，你可以问自己以下几个问题：

1. 你是否参加一些行业的聚会、并从中获得行业资源？

2. 你是否参加一些协会，并从中获得资源？

3. 你是否与其他的机构、商家合作开发市场、相互共享客户资源？

4. 你是否借助媒体宣传，提升机构的品牌和知名度？

5. 你是否和一些企业建立战略合作伙伴关系？

　　当你重新审视以上五个原因时，请认真考虑每一个问题。我期待这些问题能够给你带来启发，而本书也会围绕这些问题，与你分享最实战的营销策略。我为你的机构做的事很简单，就是给你提供最有效的招生、营销策略，让你的事业超越你的预期，甚至超出你的想象。

CHAPTER 2

招生的本质——抓潜（一）

抓潜，是各种招生的关键，因为只有找对了目标群体，招生就不是很困难的事了。但是，在抓潜之前，我们还要做好各种宣传和推广，也就是我们说的营销。因为成功的营销方式决定着抓潜，甚至影响着以后的报名，所以，在这里我们有必要谈谈营销和招生之间的关系。

第一节
什么是抓潜

在说抓潜之前,我们先探讨一下什么是营销?因为,营销始终贯穿在招生的整个过程中,可以说营销决定着招生。

营销作为一个系统的学科,起源于西方,到中国几乎有快40年的历史了。营销并不是一个所谓的点子,也不是忽悠和骗人,而是一门综合类的学科,涉及很多方面,比如:心理学、历史、地理、甚至哲学等。营销是一个系统的工程,是一个产品从生产到每一个消费者的所有环节的规划,也可以说是一种顶层设计的战略思维。无论是国内还是国外的商学院,都需要系统地学习营销。

所以千万不要小看、反感、不屑、抵触营销,而是要重新认识和了解营销。

那么,营销的本质是什么呢?而少儿美术培训机构招生的本质又是什么呢?

营销就是找到一群有需求的人,然后提供解决需求的方法。

而少儿美术招生的本质有如下三点：

一是找到一群孩子想学画画的家长。
二是建立联系、取得信任。
三是为他们提供优质的教学和服务。

我们所谓的营销和招生都离不开这三点。

而抓潜，又是营销中的一个重要前提，尤其是在少儿美术培训的招生中，抓潜尤为重要。

那么什么是抓潜呢？现在，我们就重点讲一下。

一、抓潜的定义

抓潜就是在报名之前，你必须找到潜在生源和潜在生源的家长，为报名的环节做铺垫、打基础。如果没有找到有意向的学习美术的孩子和家长，你是没有办法招生的。所以为了找到潜在生源，你必须到别人的"鱼塘里"抓潜，原因很简单，因为你想要的生源，都已经是别人的生源或者客户。

想象一下，我们潜在生源的家长和孩子们与我们一样，都生活在这个大千世界之中，他们有他们的工作、他们的生活、他们的需求，他们也有要购买的产品和服务。当他们需要购买的产品和服务与我们少儿美术培训类似有交集的时候，就说明这个"鱼塘"里有我们要的"鱼"，这个鱼就是你的潜在生源。他们生活在什么样的家庭？他们对孩子的教育观念是什么？他们经常出没在什么地方、有什么样的生活圈？这些都是我们要考虑的。

所以不要去大海里捞鱼，那样会非常辛苦。你也不要去马路上发传单，那样成功率更低。你要做的就是到别人的"鱼塘"里，和别人建立一个共赢的模式，这样他会心甘情愿地把他的"鱼"推荐给你，这样你借了他的信誉，报名的成功率就会提高十倍、二十倍，所以你的招生是从别人的"鱼塘"开始的。

如果你往更深层次方面思考，就是如何找到喜欢画画的孩子和有报名意向的家长，然后进行沟通与联络。留下他们的联系方式，让你和他们有个相互了解的机会。但是你要把握一个度，什么度呢？就是不要引起家长的反感。因为现在的推销电话很多，一旦引起家长的反感，后面就很难推进。这个度的把握需要一定的技巧，也需要巧妙的转换。有的具体、有的抽象，但是整体来说不是很难。

这里为什么强调"抓潜"二字？

顾名思义，你要抓到对方的姓名、微信、联系方式，这是最起码的。如果你能抓到他的电话号码，那就更好了。你获得的信息越多，潜在生源的质量就越高，你后续让他报名的可能性就越大。比如：你发了宣传单后觉得没用，这是正常的。如果仅仅是发一个宣传单，这不叫宣传、也不叫抓潜。你必须用一些手段和方式，让家长把联系方式给你，这才是有效的营销。

▶ 案例：

举办一次绘画比赛，就可以把名单和联系方式全部收集起来，至于比赛怎么办？你可以协调当地的资源和关系。比如：以教育局、妇联等相关部门的名义举办,你的机构承办。让这些对公单位下文给各个小学、幼儿园,让他们把参赛的作品和联系方式送到你的机构就可以了。

不管你的机构有多好,如果不去抓潜、不收集名单,也许就会有一大部分想要去你机构的学生和家长,没有机会感受到你的教学和服务。所以你必须要抓住这些名单,这是招生中最重要的一个环节。

二、鱼塘理论

钓鱼高手要修炼的第一个秘诀是:看清楚从哪里可以钓到鱼。想要钓到鱼,必须清晰地知道鱼儿在哪里游。同样地,想要获得生源,你就必须知道生源在哪里,通过哪些方式可以接触到生源,在哪里可以影响生源。

▶ **案例:**

像鱼儿一样思考

一对父子去钓鱼,两人选好位置坐好,放下鱼钩,准备钓鱼。

不一会儿,父亲就钓了一条鱼。

又过了一会儿,又钓了一条鱼。

儿子盯着自己一动不动的渔线,心里只着急。

再过了一小会儿后,父亲又钓了一条鱼。

儿子忍不住问父亲:"爸,你为什么那么快就能钓到鱼,我却一条也没有呢？"

父亲望着儿子说："我问你，你说说钓鱼最重要的事情是什么？"

儿子说："精湛的技术。"父亲说："不对。"

儿子说："那是美味的诱饵？"父亲说："更不对。"

儿子不解："那到底是什么呢？"

父亲说："精准地判断鱼儿在哪里。想要钓到鱼，就要去鱼多的地方。"

儿子问："如何判断哪里的鱼多呢？"

父亲说："想要知道哪里的鱼多，你就要像鱼儿一样去思考，它喜欢去哪里，喜欢在哪里停留。"

想要知道鱼儿在哪里游，首先要像鱼儿一样思考。不同的鱼儿，生活在不同的水域、不同的水面。

（一）别人的鱼塘

想要知道生源在哪里停留，首先就要像生源一样思考，思考生源的生活规律、消费规律以及消费的动机。

像鱼儿一样思考，你要做到以下三点：

1. 洞察生源的需求点，家长选择你机构的理由是什么？是什么原因让家长决定在你的机构报名。

2. 分析潜在生源家长消费的规律与轨迹，他的消费倾向是什么？在报美术培训之外，还有没有参加其他项目的培训？

3. 关注潜在生源家长的生活规律和轨迹，家长有哪些偏好？比如：运动、自驾游、参加亲子活动、喜欢什么样的书籍等。

通过这三个问题，你可以找到潜在生源家长的轨迹，沿着轨迹顺藤摸瓜，你就可以轻松地确认潜在生源在哪里，从而确定该往哪里下鱼饵（投放广告与赠品），该在哪里进行传播。

（二）自己的鱼塘

你要形成自己的"鱼塘"，就是有了固定的学生之后，还要有一群重视你的"铁杆家长"。

每一次报名缴费，你必须保证教学效果；每一次报名缴费，你的教学和服务都要升级；每一次报名缴费，你都要实现对家长和孩子的承诺，并给予更多。

这群"铁杆家长"是你的未来，也是你机构成功的基石。他们的重要性甚至比你想象的都大，就算你什么都没有，但是有了这些人的支持，你也可以快速发展。他们可以成为你的义务宣传员，也可以成为你最大的资源，并帮助你获得你想要获得的一切，所以他们的重要性是不言而喻的。

记住，一定要把孩子的家长打造成自己的"鱼塘"，等有了自己的"鱼塘"，你不但可以为他们提供标准之上的服务、升级后的教学产品，同时你的机构也获得了更多的利润。在与别人进行资源整合的时候，你自己的鱼塘也成了你最重要的砝码。

三、购买轨迹和生活轨迹

菲利普·科特勒说："想要知道人们接下来购买什么？就看他现在购买什么，以及最近购买了什么。"

购买轨迹就是一个人每一次购买之间都是相互联系的，而不是孤立的。

通过分析一个人最近购买了什么，以及正在购买什么，我们可以推断出他接下来要购买的产品。

假如一个人前天买了水泥漆，从他的消费行为可以看出，他也许在装修房子。而装修房子之后他的需求是什么呢？他可能需要购买家具，或者购买家电，于是你就可以通过他的购买轨迹，轻松锁定一群有需求的客户。

想要追溯到潜在生源的消费轨迹，就要了解潜在生源的家长在报少儿美术培训之前，还会购买哪些相关联的产品。而那些跟我们能产生交集的商家和机构，他们手中的客户，也许就是我们想要的重要客户。

例如：童装店、母婴用品、儿童摄影、游乐园、文具店、玩具店、书店、幼儿园、文化课培训机构、艺术类培训机构等关联的行业形成的一个生态圈，这些商家和机构中的客户和生源，就是我们想要的潜在生源。

生活轨迹则体现了潜在生源在日常生活中的规律和喜好。物以类聚，人以群分，某一类人会拥有相同的生活规律。比如：生活在哪一类的小区，在哪里上班，哪里聚会，哪里运动，等等。

你可以了解你的老生家长，分析他们的生活规律，从中了解他们的生活轨迹。通过潜在老生的生活轨迹，我们同样可以确认投放广告和传播价值的地方。

第二节
七种抓潜的方式

想要钓鱼的时候，一定要有鱼饵，否则你是没有办法钓到鱼的。而一个画室想要招到新生，一定要先筛选出有意向学习美术的孩子和家长。至于怎么筛选，就是要给家长一个选择你的理由，这个理由就是你的鱼饵。接下来的章节，就详细为你揭示如何设置鱼饵、如何抓潜的七种形式。

一、免费报告

少儿美术带给儿童成长的 21 个好处；提升注意力，这是学习美术最好的方法……这些报告无论是电子版的 pdf 还是纸质的册子都可以。但是要注意，这些文章末尾都需要保留一些最核心的内容，这些内容必须让潜在生源联系到你后再发放。比如：最后两个好处，请加微信或者拨打电话索取。

二、免费视频

把自己上课的视频录下来，然后剪辑，用光盘、公共微信等其他方式传递给幼儿园、小学、其他培训机构的家长。在视频上你可以写上你的联系电话或者微信。

三、免费音频

把自己准备的一些上课的音频，或者你想要对现在生源说的话，用音频的方式录下来，记住结尾的时候让他们加你的微信或者电话。

四、免费微信

比如：关注你的微信，你就送微信的讲座，可以是家庭教育方面的，也可以是美术教育方面的。总而言之，你可找一些东西送给家长。

五、免费抽奖

免费抽奖可以线上的，也可以线下的。线上的需要一些技术层面的支持，找一个网络公司或者微营销的公司就可以解决。线下的抽奖需要一些道具和奖品，找广告公司就可以解决。

六、免费画具

收到我们的宣传品，请留下联系方式或者关注微信公众号，就可以获得水彩笔、油画棒、画板等画具。但是这些礼物只能到画室来领取。知道为什么吗？因为只要来到画室，接下来你就可以邀请他们上试听课了。

七、仅收材料费

只交材料费，就可以来学画画。目的是让潜在生源的家长和孩子感受到我们的教学和服务。

以上就是抓潜的七种方式，虽然看起来很简单，但实施起来还是需要考虑很多细节的。你要考虑，什么样的价值和信息才能被潜在生源接受，什么样的价值和信息才能促使潜在生源进行下一步的行动。其实我们所有的指向只有一个，就是抓住潜在生源家长的联系方式。

如果抓不到潜在生源的联系方式，那么你的广告费用、你所用的时间成本、你的一切都是被浪费的。请你再仔细思考这七种方式，哪种适合你，哪种你可以马上运用起来。再次提醒你，抓潜的方式必须要有吸引力，同时，潜在生源响应的动作越简单越好。

第三节
获得生源的九种方式

介绍完七种抓潜方式后,我们再详细地介绍一下获得生源的九种方式:一、宣传品;二、异业联盟;三、赠品;四、转介绍;五、人际扩散;六、吸引力;七、免费;八、专家名师;九、促销。

一、宣传品

当问你招生时的第一反应是什么?我相信你的脑海里一定会出现"宣传单"这三个字。但是我想问你一下,你觉得现在的招生发宣传单有效果吗?我相信你一定会坚定地回答:"完全没用。"

宣传品是打开市场最通用、最常见的方式,无论现在营销如何复杂,很多时候我们都需要用宣传品去获得客户和生源。记住,营销的本质是不会变的,并不是宣传品本身出了问题,而是太多同质化的宣传品,已经让消费者具备免疫力了。

接下来，我就为你揭晓如何提升宣传单的效果，提升5到10倍，甚至20倍的秘诀。

让我猜猜你制作的宣传单的样子：是不是你的宣传单就是把机构开设的班级做成表格，把环境照片放上去，再放一些学生的作品或老师的简介……请你想象一下，家长接到这种宣传单后会发生什么样的情况呢？

根据我的经验，60%的人走两步，直接丢到地上或者丢到垃圾桶；30%的人直接拒绝不要；10%的人可能会仔细阅读；5%的人可能会保留下来。

问题来了，大部分宣传单失败的原因是：仔细看你宣传单和保留你宣传单的人太少，所以，让宣传单广告效果提升的关键是让家长拿到你宣传单不要被丢掉，如何不让家长和孩子丢掉你的宣传单呢？

秘诀一：赋予宣传单更多的价值，让看了宣传单的人有保存宣传单的欲望和行为。

请问：家长拿到我们的宣传单，为什么会丢掉？

回答：因为这张宣传单不能带给家长任何价值。

或许你会问："就一个普通的宣传单能为家长创造什么价值？"宣传单不就是为了告诉家长我们学校的情况和我们的教学内容吗？如果你的认识停留在这里，很正常；术业有专攻，你对营销的理解和认知还不够深刻。营销中两大核心内容就是时时刻刻地为家长创造价值（另一种是建立信任）。

现在，我就告诉你为宣传单创造价值的两种常见方法：

第一种方法：可以在媒介上更改传统的纸张模式，用垫板、扇子、画纸、日记本、书皮的形式。

第二种方法：可以在宣传单上印日历、地铁线路、公交线路、课程表、常用的数学公式等，这些和日常生活息息相关的内容。

除此之外，你还可以联合几家没有竞争关系的同行进行共同设计制作，形成异业联盟，这样大家既节省了成本，又相互得到宣传，一举多得。

▶ 案例：

宣传单的制作

可以做成公交车卡套，一面写你机构的名称、地址、电话、二维码，另一面印上年历或者课程表。这样广告效果达到了，保留率也解决了，以经验推算，至少有90%的保留率。

▶ 案例：

你可以根据具体的招生策略与方案，设计出一个有诱惑力的折扣、抽奖，或者免费礼品、免费试听课的方式，让家长凭借宣传单感受到你宣传的价值。某少儿美术培训机构曾经做过一张免费学画画的卡片，时间是一个月，这个看起来还是相当有诱惑力的，因为这样无形中让家长感觉占了很大的便宜，价值是需要对比的，一个月的免费课就相当于240元。通过这种方式，很多家长留意了这家培训机构，而这次活动招来的新生接近70人。

以上是如何让家长拿到了你的宣传单不会丢掉的方法，其实营销就是不断地为客户贡献价值，随时随地地创造价值。只要你的宣传单有足够的价值，哪怕只是设计得很漂亮，让人身心愉悦，也是一种价值。

通过以上的方法，第一个目的已经达到，那就是让家长保留你的宣传单，但是只保留是不够的，你必须要想办法让家长到你的机构来，这样才有可能让家长给孩子报名，所以，这里就涉及第二个秘诀。

秘诀二：通过宣传单明确地告诉家长，可以得到什么，如何得到，需要做什么。

还是拿以上培训机构免费学一个月画画举例，家长拿到这家培训机构的免费卡以后，上面有清晰的获得一个月免费课的流程：1.关注某培训机构的微信公众号；2.把家长的姓名、电话、孩子姓名、年龄发送到公共微信平台，然后电话通知家长上课的时间。

这种非常清晰的方式，让家长知道自己得到什么，需要怎么做，这样宣传单就被保留下来了。按照宣传单的步骤，就可以得到这个免费学画画的机会。

相信你看了以上两个秘诀后已经有很多的收获，类似的方法很多，只要你多留意市场上的一些促销手段，如果有能打动你的宣传方式，你就要记下来，看能不能转化成你的方式运用出来，为你所用。

不过上面两条秘诀还不是最经典的，经典的永远在后面，现在我就给你分享第三个秘诀。

秘诀三：如何通过宣传单与潜在生源的家长建立强大的信任感。

如果你在购买一件商品或者某项服务，比如：美容美发，你不相信你面前的人或者这家店，你还会购买吗？答案是肯定的："不会。"

如果我们的学校、我们的老师、我们的教学不过关，你觉得会有学生和家长报名吗？如果你的教学、管理、服务做得一塌糊涂，请问会有人在你的机构继续学吗？上面问题的答案很简单，就是家长一定不会来报名的，所以，你要做的是把你的工作经验和获得的荣誉、服务与承诺等相关资料放到宣传单上。

我们可以这样写，10年办学经验，用口碑打造当地少儿美术第一品牌，又或者，某某美术学院毕业，从事教学5年以上的教师任教。把获得荣誉的凭证放上去，请问家长看了会有什么样的感觉？10年办学时间，证明你在这个行业已经很久了，从侧面也能给家长一种信赖感；5年的教龄，证明不是一个新手老师，水平肯定不差。

你还可以把你和一些名人的合影、外出学习的照片呈现出来，有图有真相，这样的话，会给家长一种感觉，至少是跟别人不一样的，证明你是一个热爱学习、把更好的艺术教育带给孩子的一个人。

只要掌握上面的三个秘诀，我想你的宣传单广告效果提升5倍以上是很正常的。如果再有一个好的策划方案，加上前面的三个秘诀，提升10倍的效果也不难。接下来，我来告诉你第四个秘诀。

秘诀四：选好宣传单发放的时间和地点。

其实这个问题要问你自己：到底要把宣传单发给谁、去哪里发？我们主要发放宣传单的场所就是学校的门口，那派发的时间如何安排呢？别人放学发，你可不可以上学的时候发？你也可以集中资源，集中你所有的老师和兼职发单员集中到一个学校的门口，统一服装、统一口号去发放。

建议你发放的时候加一句问候："你好，我是××画室，现在有免费试听，留下联系方式，还有一个小礼物！"派发地点除了学校，还可以增加菜市场以及其他的机构、社区、超市门口等。从上面你发现了什么？宣传单要在家长经常出现的地方和时间段发放。

以上就是零成本让你的宣传单广告效果提升的四个秘诀。其实这四个秘诀不但适用于你，也适用于任何行业，只要你好好利用，绝对可以让宣传单的广告效果提升 5 倍、10 倍、甚至 20 倍。它可以很轻松地让潜在生源的家长知道你、记住你，并引发和启示他们到你的机构并有意报名。

本来我想透露给你的秘诀都已经说完，但是我突然发现，还有一个非常关键，但却不为人知的秘诀没有透露给你，这个秘诀决定了上面四个秘诀是否能发挥最大的效果！其实宣传的所有秘诀，最终都要呈现在宣传单上，所以，呈现的方式就无比的重要，说到这里，相信你已经清楚第五个秘诀到底是什么了。

秘诀五：设计。

设计得好，看到的人才有阅读的欲望；设计得漂亮，阅读体验好，别人才有可能保留下来仔细品读。那什么才是好的设计呢？我们的传单要怎么设计家长才会一而再、再而三地阅读呢？

这就涉及文案与设计，这里不但要求你要会写文案，也要懂平面设计，当然，每个人不是全能的，你也不必什么都去学，但是你一定要清晰地明白，你的文字要表达的是什么？想给予人们是什么样子的效果？最后呈现的时候什么样的字体放到哪里最适合？这些都要你仔细思考和琢磨。

接下来给你分析一下一张宣传单到底是怎么设计出来的，其实设计的重要性是不言而喻的，因为你的理念、实力、环境、教学、所有的一切都是由一个小小的设计呈现给所有人的，但是设计的重要性不是在设计本身，而是你要传递的信息。

设计就像品牌的美容师一样，给品牌的价值披上一层靓丽的外衣。我们常人看到的只是设计的表面，为了设计而设计，为了好看而设计，却分不清为什么设计。从我自身的经验来看，少儿美术的宣传品针对不同的定位而设计，它的目的不同，发放的方式也不同。

比如画册，精美的印刷、优质的纸张、精良的排版，这些优点是起不到招生作用的，它的真实效果是你的教学成果展示，对你机构的展示、对老师的展示、对学生的展示。

今天我们只说宣传单，请你想象一下，一位家长，在接送孩子的时候，除了你之外，还有英语、补习、作文、舞蹈等机构在发放宣传单，他为什么要接过你的宣传单，然后再浪费自己宝贵的时间，去你的机构报名呢？

从这个角度看，宣传单是根本起不到招生作用的。难道宣传单就一无是处了吗？肯定不是，我们要考虑宣传单还可以干吗？从这个角度看，我们就会有不一样的发现。我们可以在宣传单上传递一个信息，也就是给家长一个不得不看下去的理由，这个理由是什么？我们需要用什么样的方式去表现？

这个理由就是文案中的文案——标题。

如果标题不能吸引你，方案内容再好，价值再高，别人也不会在人群中多看你一眼，比如：看微信的朋友圈时，如果标题不吸引你，你是很难去点击的吧？

所以，标题要放在版面最明显的位置，用最大小适合的字体，把你要传递的信息表达出来，具体的字号、间距、比例你都可以不用知道，也不必了解，但是你必须把握一个原则，就是离你5米远，也能看清这个标题写的是什么。

这样，至少会让人在第一时间关注到你的标题，并且能激发读下去的欲望，接下来的事情就简单了，就是让关注到标题的家长，关注到文案的内容，告诉家长接下来要做什么。把家长要做的每一步都清晰地告诉家长，让他们知道做完这些步骤会得到怎么样的好处。这样你的宣传单就是有效的。

现在明白你的宣传单为什么没有任何用处了吧？并不是宣传单的问题，而是宣传单的内容和传递的信息与价值的问题，只要你用心钻研，相信以上的五种秘诀，你都能融会贯通，在充分利用的时候，你的宣传单也能为你的招生立下汗马功劳。

二、异业联盟

什么是异业联盟？就是一些跟你的生源有交集，但是没有竞争的相关商家、培训机构所组成的利益共同体。 以少儿美术机构异业联盟为例，包括童装店、母婴用品、儿童摄影、游乐园、文具店、玩具店、书店、幼儿园、文化课培训机构、艺术类培训机构等。

设想一下，一位家长不可能生活在"真空"里，他一定有很多的需求，他要购买很多的产品和服务。如果他购买的产品或者服务，与我们少儿美术产生关联的时候，就说明这个"异业联盟"中相关商家和机构中有我们想要的生源。

你需要做的是，通过一个借力的方案，快速把异业联盟数据库里的人群吸引过来。现在的问题在于：如何借力于异业联盟，如何巧妙地共赢？

记住！每一次借力合作，都是利益驱动。异业联盟只会为利益跟你合作。借力异业联盟的时候，首先要站在对方的角度思考。我能给对方带来什么样的利益？

你可以从这三个切入点去给异业联盟带来利益：

1. 帮助对方提高客流量：你可以提供一些赠品给异业联盟，比如在门口贴上"进店送礼品"。通过赠品帮助异业联盟吸引客流。

2. 帮助对方提高成交率：你可以把你的课程做成优惠券或者赠品，让异业联盟的相关商家宣传推广。例如：满100送优惠券，通过你的赠品或优惠券，帮助成交。

3. 帮助对方激活老客户：你可以提供赠品，让异业联盟相关商家送给他们的老客户，同时你也可以轻松获得这批老客户。

注意了！你发现这三个切入点都是什么了吗？都是赠品，对吗？那我们要拿出什么样的赠品呢？我相信聪明的你一定是选择体验课，为什么？因为家长和孩子来到我们的机构，感受到我们的环境、教学、服务后，我们才有机会让家长给孩子报名。

▶ 案例：

某少儿美术培训机构曾经联合数家少儿培训机构和商家组织了一次异业联盟，因为都是少儿类方向的机构和商家，所以就希望能以儿童的名义命名。而我们异业联盟所有的机构和商家包括：少儿美术、少儿英语、少儿舞蹈、少儿乐器、托管、幼儿园、德克士、牛排店、儿童摄影等，经过慎重的考虑和反复的推敲，我们最终以儿童和联盟这两个概念提取出来的关键词来命名这次活动的主题：

"童萌国"护照——带你游览各个神奇的王国！

每一个商家和机构都拿出一定的优惠力度，只要手拿着这本护照，就可以在护照中的任何机构和商家获得一定优惠和免费课程。

每一个商家和机构都打出：只要报名就送价值×××元的童盟国护照，每一个商家和机构都把"童萌国"的广告宣传放到自己门口最醒目的位置，力求让每一个机构和商家的生源以及客户都可以看到"童萌国"的广告宣传。

经过了整合以后，每一个商家和机构的学员都可以进行资源的互换，不断地为自己的机构提供了源源不断的潜在生源和客户。

借力使力不费力，客户和生源是用来共享的，通过相互的借力，可以形成异业联盟的相互促进、互利共赢的局面。

三、赠品

如果把营销比喻成钓鱼，那么赠品就是鱼钩上的鱼饵。赠品是吸引客户的磁铁，是用来获取潜在生源的重要营销策略，你可以通过赠品吸引潜在生源的关注，从而获取潜在生源的信息、联系方式等。

设计赠品一定要以潜在生源的需求为导向，你的赠品必须对潜在生源有用、有价值。你提供的赠品越有吸引力，潜在生源聚集的速度就越快。不要一味地拿油画棒、水彩笔之类作为赠品，这类的赠品渐渐已失去了吸引力。赠品不一定都是实体的产品，也可以是虚拟的产品。比如：课程和代金券。虚拟类的产品成本更低、传播速度更快。

　　运用赠品的时候，千万不能单纯地送产品，图一时的热闹。赠品的重要目的是抓住潜在生源的信息，以便后期的跟踪邀约，赠品不是给鱼喂食，而是给一个带钩的鱼饵。因此你送的每一个赠品，都要让他留下联系方式。

　　送赠品也有一些技巧，不能傻傻地送，而是必须要设置一个门槛，这个门槛不高不低，有意愿的家长很容易达到，而意愿不强的人很可能就是因为这个门槛就不来拿了。

▶ 案例：

注意！某少儿美术培训机构的校长疯了！

不计后果挥泪大回馈！打造最强体验课！

仅需100元！三重豪礼送不停！

　　亲爱的家长：你好！

　　我是某美术中心的陈老师，你拿到这张宣传单时将是你开学最好的一份礼物，无论你的孩子要不要学画画，你都应该来这里感受一下什么是少儿美术，或者体验一下我们的家庭教育课堂，为什么呢？在我们看来，一个孩子如果没有经过艺术教育的学习，在成年后会缺少对生活细节的感悟，这是非常可惜的。而武夷山地区的少儿美术还停留在一个比较落后的状态，所以我们想以微薄之力进行更多的尝试和改变，我知道我们能力有限，但是我们不放弃，只要你敢来，我们就敢送。

　　豪礼一：价值200元一个月课程！

　　豪礼二：价值168元的行李箱！

豪礼三：价值800元的家庭教育成长课堂！

仅限30个名额，报满即止，请抓紧这个难得的机会！

并不是我真的疯了，我也不是为了单纯招生（我付出的时间成本、人力成本、赠品成本太多了），我只想让你知道，一个好的少儿美术机构的标准是什么？一个用心做少儿美术的老师是什么样子的？你应该用什么样的态度去对待你的孩子，这些才是我最想做的。

一个孩子的成长、一个家庭的教育、一个美术机构的良心，我希望我们成为一个整体，目的很简单，就是让我们的孩子获得良好的成长教育和健康的心理！

这个方案其实综合了很多营销元素和技巧。比如：文案、塑造价值、赠品、设置门槛、限制名额的稀缺性、限制时间的紧迫感等。这篇文案中的赠品即是虚拟产品和实体产品相结合，但是为什么要缴费100元呢？其实就是为了过滤一些只是单纯蹭课的人，这样就有效地筛选出真正想学习绘画的潜在生源。

有的时候你做的免费活动为什么效果不好，最主要的原因不是免费的问题，而是太多的人做这种免费的活动，而你给潜在生源的诱惑不够，所以你要加码，这样才可能让潜在生源动心，才能让潜在生源行动。

再次强调，送赠品的目的是为了获取潜在生源，更重要的是一定要获得潜在生源的名单与联系方式，为以后的邀约报名、营销推广奠定基础。

四、转介绍

如果问你最主要的招生方式是什么？我相信你的回答一定是老生转介绍。诚然，转介绍是成功率最高的报名方法，这些家长也是最简单、不拖延、马上付钱的人群。但是我告诉你一个真相，并不是转介绍来的家长比较好，而是你的老生家长才是最关键、最核心的。转介绍来的新生不是因为你做得够好才来的，而是因为对他朋友的信任才来的。"转介绍"就是人与人之间的纽带，相互传递了信赖感。

所以老生家长才是你的销售人员，是你的宝藏，因为它们是真正的用真金白银的方式来支持你的事业，所以你应该感谢他们、感恩他们，你要做的就是用你的方式回馈他们，你应该表示与他们的相遇相知是你人生中最大的幸运，并且在交流中非常愉悦和开心。

而这个时候就是让家长把你推荐给他们朋友的时候，或者让你的老生家长把他朋友的联系方式给你，让他打个招呼你再去进行联络，这个方法的重点是必须在你们交谈时，他很信任地把朋友的联系方式给你。当然，你也可以巧妙地给老生家长一些特权，让老生家长感觉自己被尊重、被重视和被依靠。

▶ 案例：

你会发现，真正跟家长沟通好的并不一定是教学能力和专业能力非常突出的老师，而是那些结过婚，总是跟家长聊一下家长里短的老师，因为有家庭、有孩子的女性话题基本都差不多，无非就是工作、家庭、夫妻、孩子等，如果你跟她们慢慢地从一个学什么的角度过渡到无话不谈的角度,你的转介绍就变成了很自然的一件事了。

  但还要注意一些事项,就是你一定要把握一个原则,这个原则就是你对你机构的办学理念一定要清晰明了,让家长了解和认可,并且非常相信。这样他才能对你的转介绍非常地用心。而转介绍的最好时机就是她在认可你的时候,在认为你办学不错的时候,你插上一句:"谢谢你的认可与鼓励,如果真的有你说的这么好,你就帮我做一下转介绍,把你知道孩子要学画画的朋友的联系方式给我,我来联系,你只要提前打个招呼就可以了。"

  转介绍就是在这种自然而然的方式下展开了,而不是转介绍一个家长给多少费用的优惠之类的!

  无论做任何营销推广,都不要忘记邀请老生家长为你做转介绍,即是只有一小部分人响应,其结果也是惊人的。记住,勇敢地邀请你的家长帮你转介绍,因为总有一群热心的家长乐意为你转介绍。

  最后要与你分享的是,转介绍的前提是家长一定非常满意你的教学、服务、教师、沟通等多方面的实力,如果不是对你非常满意的家长,你也很难去说服一个对你有意见的人来帮助你。

五、人际扩散

  人际扩散原则是依托人际关系网快速传播产品的信息与价值,常用的关系网有:家长人际关系网络、意见领袖人际关系网络。通过人际关系网络传播信息的信任度高,家长的关注度就高。

▶ 案例:

某个培训机构已经不做任何名片类的东西,所有的名片都做成了试听卡,无论去哪里都会进行发放,目的就是让别人拿到这个卡片后知道这个试听卡的价值。并且在卡上写上一行小字:赠人玫瑰,手留余香;如果您不需要这张试听卡,请您转交给喜欢画画的孩子和朋友,感恩您!

▶ 案例:

设计一个非常精美的奖状

每隔一段时间就给上课的小朋友发放奖状,并告诉家长,他们已经学会画那些动物、植物,奖状可以各种获奖名义发放。

一般家长接到学校发的奖状,非常开心,都会把奖状贴到家里明显的位置,当小朋友有很多奖状的时候,他们家的墙就是你的无形宣传单了。

而朋友来到他家的时候,一看到奖状就会聊到孩子的学习情况与培训机构的情况,看到孩子获得了这么多的奖状,家长也要说培训机构的好话,说到底学到了什么。

一个学期结束,老师回访那些小朋友,让小朋友手持最好的一张画与所有的奖状合影,并把这些照片做成写真并发到微信公众号上等。

这个策略使用后,家长会主动在朋友圈发放一些照片和文字,并自豪地夸奖孩子，这无形中对他的朋友和邻居也是一种强烈的刺激。那些潜在生源的家长会想：我要不要把孩子也送到这个机构呢？不能让孩子输在起跑线上。

人际扩散原则就是巧妙地将赠品、优惠券、代金券等有价值的载体，通过老生带到他的关系网中，从而轻松地把产品的价值与信息传递出去。客户的每一次购买，都可以给他留一粒种子，这些种子就会像蒲公英一样四处传播，从而遍地开花。

人际扩散主要三个策略：一是意识巧妙的设计价值种子；二是选择合适的关系网络；三是巧妙地植入，并且让价值种子在人际关系网中传播。

六、吸引力

吸引力主要是靠通过好玩的有吸引力的东西，快速吸引潜在生源家长的眼球。在运用吸引力策略的时候，你必须分析出潜在生源家长和孩子的喜好与大脑中的焦点，同时你要抓住他们的好奇心，从而提炼出对潜在生源家长和孩子有吸引力的事情。

比如：我们发传单的时候，可以穿小丑、卡通、动漫人偶等的衣服，我们也可以在学校的门口做一些大型的户外装置。比如：用 kt 板做一个热门动漫形象吸引家长和孩子合影。对于小朋友来讲，这些小丑、卡通动漫人物是最有吸引力的。

▶ 案例：

　　我们机构在淡季招生的时候就充分运用吸引力的原则，取得了非常好的效果，具体做法如下：第一种是我们所有的老师在业余时间用黏土做了很多黏土糖果，然后我们在学校的门口把黏土糖果展示出来。

　　当孩子放学的时候，所有的孩子都想要这个黏土糖果，我们的老师跟家长沟通：想要黏土糖果很简单，成为我们的预备会员就可以，不但可以获得一个黏土糖果，还可以获得一节免费的亲子黏土课，成为预备会员只要登记一个电话就可以了。

　　只要留下电话，后期我们就可以对学生和家长跟进、邀约，这样我们就有效地获得潜在生源的联系方式。

　　吸引力不但可以用黏土，也可以用魔术气球来代替，你可以用魔术气球折出各种小动物的形象，更容易引起家长和孩子的注意。

　　在这个案例中，我们运用了黏土和气球作为吸引潜在生源的媒介，快速吸引了潜在生源的关注，引导潜在生源来到我们的机构，并且获得联系方式。对于这部分潜在生源，你可以加微信，并经常联系，建立信任，熟悉后投其所好，从而抓到潜在生源。

▶ 案例：

　　这是一个未必能复制的案例，但是肯定有的老师可以复制。让我们所有的老师去学校门口摆摊，但不是发放宣传单，而是去进行现场卖艺，现场为小朋友画卡通漫画像，这个案例没什么技术含量，但是要求你的机构必须要有一个能画动漫的老师，而且还是3分钟能搞定一张的那种漂亮的Q版漫画；千万不要画得很像、很丑的那种漫画，你可以把一个孩子画得不像，但是不能画丑，每一个孩子都是每个父亲母亲心中最完美的宝贝。

潜在生源内心本身对少儿美术是有一些偏好，如果你能挖掘这种深层次的内在吸引力，运用吸引力的策略，你将轻松地获得生源。

最后还是那句话，你做吸引力策略的时候，是直击目标还是为了让潜在生源感受到你的教学与服务，感受到其他机构与你的机构不一样的地方在哪里。

七、免费

免费策略是一个重要的武器，它可以用来提高市场占有率，快速获得大量的生源。免费是指潜在生源提供免费的课程来获得生源和知名度的一种营销方式，由于没有交易成本，客户在心智上接收速度快，客户参与度好，可以快速吸纳生源。

当然天下没有免费的午餐，免费营销并不是真的免费，免费是为了后面的报名打基础。免费的策略一般是通过免费的课程吸引潜在生源的家长，通过与家长的沟通以及相互了解，最后达到报名的目的。

免费是有一种具有颠覆式力量的商业策略，一种只要改变就能实现脱胎换骨的"动力机器"。现在免费策略正广泛应用在各个行业的营销推广当中；比如：家装公司提供免费的测量、免费设计服务，通过免费快速接触潜在客户。比如：童装店门口放摇摇车，当宝宝坐进摇摇车的时候，就可以推进家长免费办理会员卡，购买促销产品。美容店经常提供免费面膜吸引客户上门等，其实他们的性质都是相同的。

使用免费策略的时候，要注意两点：

（一）你所提供的免费课程和服务必须有价值，对家长有吸引力，提供的课程和服务最好还是竞争对手收费才提供的。在收费和免费之间，一般家长的选择倾向于选择免费的课程。

（二）当大部分同行和竞争对手都在提供相同的免费课程和服务的时候，免费就失去了吸引力，当免费策略失去效果的时候，此时你要更新和创新免费课程的内容。

使用免费策略一般有以下几种方式：

1. **限定时间免费**。如果你只有周六周日有课，你可以把你的免费课的时间放到周二到周五的晚上来上。

2. **多人同行一人免费**。多人组团报名，其中一人免费，这样做可以促进家长自发组织报名，从而带来更多潜在生源的家长。比如：团报报四免一，扩大自己的生源。

3. **免学费，仅收材料费**。如果你的教学够好，对自己有信心，你可以用一个月的试学来做尝试，仅仅收材料费就可以体验你的课程。如果家长满意你的课程，很有可能就会报名。

4. **基础课免费、提高课收费**。通过免费的基础课，吸引学生和家长，当学生和家长体验你的基础课，还想继续深入地进行学习，就需要报提高课的课程。

▶ **案例：**

我相信你一定做过免费一个月的课程，但是我不知道你的宣传方式如何，最后的转化率有多高？我们也做过免费课，而且整体的效果相当理想，大概来试听的有80人左右，最后转化报名的学生有60人左右。具体是怎么做的？其中要设计销售流程（下一章有详细的描述），要有团队配合，要有执行力，要做好很多细节。

一般来说，免费课的老师只是单纯地免费给学生上课，而我们的免费课是老师给学生上课，校长给家长上课。校长给家长的第一节课是家长会，分享孩子学习美术的一些情况以及对孩子成长的好处。第二、三节上课时教家长如何画画，可以简单讲一下线描写生，争取让家长画出一两张画来，这样家长就会发朋友圈。第四节课最关键，一定要是亲子课，一定要让家长来画室，这样才能促使报名。而在第四节课你也可以准备一些小礼品，只要报名就送，或者报名再做一些减免学费的优惠措施。

这个免费的大体的框架就是这些了，如果有机会，我们在线下的课程上再为大家分享这个活动所有的细节流程，因为一个活动的策划、实施、执行、反思都是在不断变化、不断调整的。

免费是撬动市场最有力的杠杆，也是让潜在生源体验价值的最佳方式，免费策略也是你愿意先给客户贡献价值，然后再获得利润的姿态。当你愿意先给潜在生源贡献价值的时候，潜在生源也会用真金白银来回馈你的付出。希望你把握和运用好这个绝佳的笼络潜在生源的策略。

八、专家名师

这个世界上有两种人永远不缺客户：一是医生，二是老师。因为都是病人和学生去找他们。这两种人身上都有一种特质，因为他们是专家和名师，他们代表权威。

专家和名师就是通过自己的不断贡献价值（专业化的知识），免费帮助病人和学生并解答相关问题，提供合适的解决方案，从而把自己打造成名医和名师，让病人和学生主动找你。

假如你正在运作一个少儿美术机构，你就要把自己打造成一个少儿美术教育的专家，你可以在一些媒体上发表一些对少儿美术了解的文章或者一些课例，通过专业化的知识，在当地把你打造成专家的形象。

同时你可以提供免费的帮助，让家长在教育和美术方面有任何的需求时都可以联系你或加入你的微信。尽量多做一些公益性的活动，免费地做一些讲座，只要在你能力范围之内的问题，你都可以尽你最大的能力帮助他们。

如果你能定期地回答与分析家庭教育、家庭美育的问题，并为家长提供解决方案，就会成为专家型名师。在这个过程中，你的影响力就会不断提升，家长对你的信任度也会逐步加强，最后成为你忠实的粉丝。

▶ 案例：

如果马云和范冰冰一起来讲如何运营企业，我相信你一定会去听马云的讲座，因为他是明星＋专家；而如果马云和范冰冰讲如何成为大明星，如何提高自己的曝光率，我相信你一定能选择范冰冰，同样，她也是明星＋专家。

当你成为专家，当你拥有了影响力，家长自然愿意跟着你。专家名师策略的三个步骤如下：

1. 坚持分享专业的知识，偶尔可以爆料和八卦；

2. 制造系列的疑问，吸引大家共同讨论；

3. 回答家长问题，免费提供合适的解决方案。

九、促销

促销是通过各种促销活动，降低报名的门槛，通过优惠、性价比等吸引家长报名。比如：淘宝上的"一元秒杀"、"9.9元包邮"等活动。

少儿美术常见的促销方式：转盘抽奖、飞镖中奖、团报、赠品、优惠、老带新优惠等。

促销常以低折扣、低价格、高性价比来推动报名，同时辅以抽奖、赠品等策略。

总结以上九种获得生源的方式，共同的特点就是建立了一个渠道，传播价值与信息，最终与潜在生源建立关系，而其中最重要的就是与潜在生源建立联系，从而获得潜在生源的信息与名单，形成你自己的生源数据库。

第四节
抓潜的注意事项

抓潜之前一定要做广告宣传,做广告的目的是让培训机构的名称植入潜在生源的大脑,并且占据记忆中重要的一个模块。如果能把这两点做到了,你的机构就能在当地起到立竿见影的效果。因为人的记忆力是很有限的,比如:你知道世界第一高峰是珠穆朗玛峰,但是第二高峰是哪个呢?我相信你可能就不知道了,所以你一定要想尽办法让自己提高知名度、美誉度。

所以,我们要引导潜在生源,让他们看到我们,然后产生联系,进而一步步强化他对我们的好奇心,并刺激他们的欲望,让他们采取行动,这就是抓潜。

如何让潜在生源尽快报名,我们需要注意以下几点:

一、以家长的利益为重

抓潜的时候需要注意,你的每一个动作都要对潜在生源有意义,让他们感觉你时时刻刻都是为了家长着想。因为每个人都需要别人的肯定与需要,这才能让你的抓潜更受欢迎。

二、广告语要简洁

抓潜的广告语不需要太过冗长的文字,越简单,越容易达到目的。

三、符合潜在生源的习惯

针对不同的人,你需要不同的表达方式,所以在正式抓潜的时候,你应该提前测试,测试的结果会告诉你各种方式如何改进。

四、讲故事

人天生就喜欢听故事,如果你能写一个很有意思的故事和你的潜在生源讲,相信潜在生源会很快接受你的。

五、用问题激活潜在生源的大脑

用问题激活潜在生源的大脑，兴趣是最好的方式，因为问题可以与潜在生源产生最深入的互动。

六、建立良好的关系

关系是人们在拥有共同喜好、信任、了解与分享对方想法后形成的一种感觉，这种感觉使人们保持着情感上的联系，并互相交往。

七、方案内容进行创新

若想在潜在生源脑海中把"学画画就到某少儿美术培训机构"的概念占据一个位置，你需要提供一些新鲜的、刺激性的东西。比如：一些使人记忆深刻的字眼和概念等，让他们一下子就打动了潜在生源的心。

当我们与潜在生源建立了良好的信任关系后，我们就要把获得潜在生源的方式做成一个系统，为以后的顺利报名打下良好的基础。

但是，我们怎么做这个系统呢？只需要做三件事就行。

第一件是接触点。

什么是接触点？就是你必须知道生源在哪里，从哪里可以获得生源，通过哪些渠道和方式能把我们的教学理念和课程传递给潜在生源。

在选择推广渠道的时候，要先测试，确保信息能够传递到正确的人手中。前文讲到所有的方法都是建立在接触点之上的，比如：广告投放渠道、异业联盟渠道、活动促销渠道、关系网渠道等。

你和潜在生源的接触点、接触方式都要花一些心思，而不只是一些简单的宣传推广。你要关注的内容既要真实，又能打动人。还有你跟潜在生源沟通的频率，一天一次，一个星期一次，还是一个月一次？不能让家长忘记你，也不能每天打扰家长的正常生活。

第二件是价值传播。

你靠什么东西去吸引潜在生源的注意力？你用什么方法让潜在生源停下脚步认识你、了解你、关注你？你必须把有吸引力、有价值的东西传递给潜在生源。他的每一次关注，都和他自己的利益息息相关，每次都期待从你这里获得更有价值的东西。

在传播信息的过程中，必须包含价值塑造的传播，否则单纯的信息很难引起别人的兴趣。你提供的价值必须能让潜在生源产生行动的欲望。

常见的价值塑造有：最大的优惠力度、免费的赠品、免费的课程、额外的好处等。价值传播过程中，文案是非常关键的因素，你的文案必须准确地在第一时间把最大化的价值展现给潜在生源。

第三件是建立关系。

与潜在生源建立关系是获取报名的终极目标。我们希望通过价值传播，潜在生源能做出回应，我们可以获得潜在生源的详细信息，最好还能让潜在生源报名。

响应动力就体现在你所提供的价值是否是潜在生源需要的，以及你提供的价值是否有足够强大的吸引力。如果吸引力不够，那么就多加一些吸引力。只有具有足够的吸引力，潜在生源才有可能更快地做出反应。同时一定要记得你所设计的响应动作一定要简单，行动越简单，潜在生源越愿意参与。

▶ 案例：

  接触点是什么概念？就是你要知道生源经常出没的地方在哪里，你要在这些地方制造跟潜在生源接触的机会。比如：我们机构在妇幼保健院、防疫站、市立医院儿科门诊的墙上都挂了我们机构孩子的作品，每张画上都有我们机构的标志。一个孩子从出生（妇幼保健院）就知道我们机构了，无论是在三岁前（经常要在防疫站打预防针），还是三岁后（一个孩子总是要去医院的），都能看到我们机构的名称。

  这个步骤只能让潜在生源知道。价值如何传递呢？比如：在标志旁边放上二维码，扫码送价值100元的亲子课。如果加了微信，就算没参加你的课程，你也可以继续影响他，这里特别说明的是，尽量用个人微信号，因为个人微信号的背后是一个人的相关信息，而公共微信号是一个工具。

  如果没有潜在生源响应，我们的信息和价值传播就毫无意义了。每一次传递价值与信息，都必须思考如何让潜在生源做出响应，在这里特别要注重的是：我们必须提供有吸引力的响应动力，同时潜在生源的反馈行动越简单越好。

第五节
提高抓潜的数量和质量

在了解了获得生源的九种方式后,大家一定很关心抓潜的数量和质量,毕竟优质稳定的生源,才是少儿美术培训机构良性发展的前提。

怎么样才能获得和提高抓潜的数量和质量呢?主要有以下几点:

一、家长推荐

很多人不知道去哪里找"鱼塘",其实我们身边就有一个最基本的"鱼塘"。想象一下,一位家长和孩子是想要学画画,才到你的画室。同时在他周围肯定也有一些朋友的孩子也想学习画画,比如:他的同事、朋友、亲戚。所以你应该想办法,不断地去为你的家长创造新的价值,提供不同的超值服务,并且给予一定的承诺,他就非常愿意去帮你推荐你的画室和你的教学了。

当一位家长想选择一家美术培训机构的时候，心里都是困惑、怀疑并存的。如果他能找到你，是因为他觉得你还算靠谱，如果你的教学和服务真的让他满意了，让孩子学到东西了，那他一定会帮你的。尤其是当你既奖励了他，又奖励了他推荐的朋友的时候。

当然，首先要保证你的教学和服务必须让家长满意，然后再请他帮忙；如果你的教学和服务不到位，那他也不会去做；因为他不想让他的朋友遭受损失，他不会因为这点小利损坏自己的信誉。

另外你要告诉他推荐的方法，如果你只是说"你有朋友的小孩想学画画，帮我介绍一下"，这是没用的，你要给出一些更具体的东西。比如：你可以编辑一条公共微信，直接让他转发就可以了。如果你让一位家长给他的朋友打电话或者编辑微信，也是可以的，只是推荐的难度就加大了。

你的指导越明确，对方行动的可能性就越大，你不要说"和你的朋友联系吧"这类的话，你应该说"给你的朋友打电话"，这样可能性就增加了。如果说："你现在打电话给你的朋友"，这个可能性就更大了，或者"你现在给你的朋友打电话告诉他可以参加某少儿美术培训机构的亲子课"，这个可能性又提升了。

所以在沟通中，你要给对方一个明确的指导，最好是你把所有的事情都做好了，只要求对方做一件很简单的事情，你就能达到目的了。不要让他们去琢磨"怎么组织语言、要怎么介绍"，这样的帮助不大。

最后强调的是，你一定得有个工具，不能对潜在生源口头上表达这一切，你可以设计一个调查表，列一些问题，让他们填写朋友的电话、姓名、工作等，越具体越好。

二、借力别人的"鱼塘"

1. 购买

可能大家没有意识到,任何商家与机构都是"鱼塘",你不要说找不到"鱼塘",这些都是鱼塘。至于他是好的"鱼塘"还是坏的"鱼塘",需要你自己去斟酌。哪里的"鱼塘"的鱼对"塘主"满意度和认可度高,你就可以向哪里的"塘主"购买名单。

2. 合作

除了购买,你还可以合作,你可以设置一个特色班,然后把第一次特色班的学费跟"塘主"平分,或者就干脆全部给"塘主",你要做的是争取把特色课的学员全部转化成常年课的学员。这里要强调的是,你的特色课够有特色,跟家长的沟通要紧密,跟踪家长的每个节点。如果你具备了能把公开课和特色课转化成常年课的能力,就可以把你前面抓潜的工作无限放大,因为你有撬动"前端"的杠杆,所以你可以把所有的利益都给你的合作伙伴,这样会让你的合作伙伴非常开心,因为他们都不相信你竟然可以这么慷慨。

三、免费

关于免费的看法,我认为不是把"免费的东西做得更有价值,而是把有价值的东西做得更有价值"。如果你总是想获得免费的东西,你的生活就进入了另一个误区,你应该思考如何把一个有价值的东西变得更有价值,而不是怎么拿到免费的东西。

很多人会告诉你如何降低成本，降低成本当然很重要，但是事实上，降低成本是有限的。如果你能让学生学一年、二年、三年以上，或者报学费更高的课程，你还需要一味地降低成本吗？

如果把你现在的盈利模式做一些调整，你就可以在别人看不到的情况下提升10倍的利润，如果你能做到，你甚至可以打败你的竞争对手。

▶ 案例：

河北有一家美术培训学校，3个校区有1000多人，因为河北的学费比较低，一年到头下来营业额就是100多万，一年的盈利除了房租、水电、人工、其他杂费后仅仅只有10万元左右。校长每天都累死累活，但收入少，他都想把这所学校关掉，因为杂事太多，对学生的管理也存在太多的安全隐患。

后来经过高人的指点，这位校长不但修正了自己的商业模式，一年后利润就上升了10倍，他究竟是怎么做到的呢？

其实很简单，因为他的学校有1000多人，这1000多人中总有一些有高消费需求的人，他就针对这些人做了一些高端的课程，这是第一个方法。第二个方法就更有意思了，因为这所美术学校不单单有少儿美术，也有高考部，所以他做了一个举动：开设一个"高考保证班"。就是说来到这个班级，我保证你一定考到美术院校，如果考不上，费用退一半。这个承诺一出，结果就有十几个人报名了，而这十几个人的费用，就超过1000多名少儿的学费，因为这个"高考保证班"一个人收费就是16万。

而这名校长也及时地把少儿部的股权进行了修正，让更多的老师入股到少儿部，这样老师和少儿部的利益密切相关，承担的工作和责任就更多。而校长全力关注十几个"高考保证班"的学员。这样少儿部的老师收入增加了，校长的收入也增加，工作还减轻了，这也是一个好的商业模式。

我相信你还有一个疑问，就是一个人16万，万一没考上怎么办？没考上很简单，退费！因为就算退费，一年8万块也赚到了！

所以要把精力放到打造你的盈利模式上，因为"前端"的竞争太激烈了，只有后续的盈利模式才是你的未来，而且只有在后续的盈利模式上，你才能最终赢得家长的满意度，才能让家长真心地感谢你，为什么呢？因为你才是帮助他们的人，与他们一路同行的人。

四、提升合作的吸引力

关于提升合作的吸引力，其实很重要的一条就是文案功底。比如：你看朋友圈的时候，首先吸引你的一定是标题对你有没有吸引力，只有这样你才有想点击进去看的欲望。如果文案没有一定的吸引力，你的任何信息家长都不会去关注。

你需要把抓潜的信息编辑成文字，发给"塘主"，他可以很轻松，很便捷地帮助你，并且一定要给出"具体的动作指南"。很多人把招生当做一门功课在做，而没有用心思考家长看到宣传后会有什么样的反应，所以你的任何宣传都要给出一个"具体的动作"。比如："请马上拨打电话争取免费课的最后10个名额"；或者"只要转发微信就可以获得一份小礼物"等，文字的内容要与家长的利益息息相关。

如果你没有"具体的动作"和利益的驱动，那么只有很少数的人才会联系你，这样，你招生之前做的所有工作就功亏一篑了。

五、抓住潜在生源的联系方式

无论在任何情况下，当你与潜在生源接触时，一定要留下对方的联系方式。如果不是电话，最起码也要把微信留下。因为人家对你不了解，没有太多的信任，这个时候你不要说太多，你想什么都要，别人也不一定给你，所以你要慢慢来。你可以要到微信后，与他一点一点地建立联系和建立信任。然后你再问他要更多的联系方式，比如电话、地址等。

▶ **案例：**

> 前面的案例有讲过用绘画比赛抓潜，这里就讲得更细致一些。如果你找不到潜在生源，你可以做一次绘画比赛，除了正常的评选比赛外，还可以进行抽奖，只要留下联系方式，你就可以参与我们的抽奖；一等奖是我们一个学期的免费课，二等奖是半个学期的免费课，三等奖是一个月的免费课。
>
> 我相信应该有很多人会被这次活动吸引，当我们获得信息后，无论比赛的结果如何，你都可以给他打电话说："你好，我是某培训机构的老师，你参加过我们的绘画比赛，并且在报名比赛的时候也参加

了抽奖活动，非常抱歉你没有获得这次活动的一等奖。但是，恭喜你获得了这次活动的三等奖，免费的一个月课程，仅限本人使用，也仅限本月使用。希望您能安排好时间，我这里有两个时间，看看你选择哪个时间。"

你要了解，参加比赛的每位家长都是希望获奖的，但是如果比赛没有获奖，抽奖能抽到，还有免费的画画课，他也是满足的。而你获得的不仅是生源的名单，更重要的是邀约生源到你的画室，这样你才有机会让他报名。

记住了，你要为别人创造价值，你的每一次与潜在生源的联系都是为了提供价值，绝对不是为了让潜在生源报名缴费，只有这样，你的沟通才能让潜在生源接受，这是非常重要的。因为我给你一个月的免费课，你的孩子就可以来我这里学一个月的课程，既使你不来也不会恨我，因为我给你的是一个"福利"，而不是骚扰。

六、选择高质量的"鱼塘"

"鱼塘"非常重要，但是怎么判断"鱼塘"的质量呢？你要分析"鱼塘"的受众人群，潜在生源的百分比，还有一个更重要的指标，就是这个"塘主"与他的"鱼群"之间的信任程度。

比如：一家机构，他们的生源一直很稳定并且稳步增长，说明他们的教学质量和口碑不错。这就证明很多人是信任和认可他们的，他们喜欢这家机构、喜欢这家机构的理念，那他们对这家机构就有信任度。如果他们之间没有这种信任度，或者信任度很低，那你可以借力的地方就非常小，所以你要认真地审查"塘主"和他的"鱼群"之间的关系。

关于找"鱼塘"，我再补充一下，其实很简单，你设想一下，如果你进入潜在生源的世界，如果他要选择一家美术培训机构，他会如何获取多家美术机构的信息呢，这么多的机构如何选择？他的顾虑是什么？他的渴望与梦想是什么？因为他有这么多的顾虑和疑问，所以他会做各种各样的尝试。

你要把自己想象成一位家长，你会如何生活？对孩子最关心的问题是什么？对孩子成长的希望是什么？有很多方法可以找到答案。

一是问你的老生，当初怎么找到你们，因为你是"学员"的典型代表。你可以直接问家长：你是从哪里知道我们的，怎么来的？来了以后又是什么原因让你报名的？只要你深入地挖掘，一定可以找到更多的"鱼塘"。

二是关注你的竞争对手，看看你的竞争对手在哪里做广告，如何做广告。如果他一直在一个地方做广告，说明这个地方的招生效果不错。

三是"鱼塘"里有多少个人在做广告，围绕着这些人，看看他们还可能去哪里做广告。

这里要说明的是，"鱼塘"里抓潜的时候，你可以设计一些门槛，虽然抓潜的概率降低了一些，但是因为门槛，过滤了一些意向不明的生源信息，反而有利于报名率的提高。

现在应该明白了，你的生源是来自于最认可你、最重视你的一批家长。所有前面的抓潜，只是你的前期准备。你要寻找到最理想的生源，第一次报名对你来说，只是一个开始，证明孩子放到你这里是值得放心的，至于学习时间的长短、包括转介绍，需要你自己去把握和努力。

七、测试

上面的几个理论,都需要测试,如果没有测试,你是不知道结果如何的。想象一下,为什么你花"同样的时间,同样的成本",却得到与别人完全不同的结果呢?原因很简单,就是你没有测试。记住,无论任何方案方法,都必须要测试。测试跟调研不同,调研是表面的,测试才是深入的。

▶ 案例:

一家美术培训机构,想开设妈妈课堂,设置教妈妈画油画、女红之类的课程。当校长问家长意见的时候,家长反应非常强烈,对妈妈课堂抱有极大的兴趣。如果是你,你会觉得如何?

而我给他的建议是:我们马上要推出妈妈课堂,内含油画、国画、女红等,原价10节课800元,如果想报名,只要先交100元预订名额,就可以直免200元,仅需600元就可以。

如果你是家长你会怎样?其实很简单,一个是拿嘴来投票,一个是拿钱来投票,这就是调研和测试的本质区别。

CHAPTER 3

招生的本质——抓潜（二）

什么是杠杆借力？

阿基米德说过："给我一个足够长的杠杆和支点，我能撬动地球。"**杠杆借力就是用你最小的付出，通过杠杆和支点的作用，获得最大的回报，达到事半功倍的目的。**

99%的中小企业不懂杠杆借力，鲜有人能利用杠杆借力。而能灵活运用杠杆借力的人可以迅速顺利地达到目标，不用成本、不用风险，因为杠杆借力一旦使用就能产生巨大的力量。

在这章里，我将与你分享最有价值的理论和实战案例，让你学到最全面的杠杆借力策略的精髓，掌握杠杆借力的必胜法则，学会运用杠杆借力的四大策略，并且运用这些策略，轻松地战胜竞争对手，实现人数增长。同时，我将与你分享资源整合背后的秘密，分析如何快速整合资源的方法，让你在任何时候都可以轻松地整合、使用别人的资源，从而快速地促进事业的发展。

第一节
资源整合

资源是任何一家美术培训机构生存的土壤，每一家美术机构都需要一些重要的资源支撑运转。只有通过合理利用资源、优化资源配置，才能把资源的价值最大化。**资源包括人力、物力、人脉、教学、社会关系以及所掌握的学生与家长的信息等，这些都是资源。资源也是机构与机构抗衡的最大底气。**

如同一个顶级厨师需要上等的食材一样，一家美术培训机构在运营过程中，也需要善于发现资源、使用好资源。这个世界不缺乏资源，缺乏的是整合资源的思维。在学习杠杆借力之前，必须要掌握资源整合的核心与方法，才能更好地运用资源整合。

一、资源的本质

大多数人认为，资源就是自己机构所拥有的资金、人脉、资产、教学等。

其实这些只是个人和机构可以掌控的内部资源。任何一个机构和个人占有的内部资源再多也是有限的,所以机构和个人不仅要优化配置好内部资源,还要充分利用外部资源,实现整合,并借力更多的外部资源为我作用。

除此之外,还要懂得充分利用潜在资源。潜在资源就是指看上去和你的机构没什么关系,但是却能帮你吸引到潜在生源,催进新生报名以及扩大影响力。比如:我们是做少儿美术培训的,只要是与女人孩子相关的商家都是我们的潜在资源。因为他们的客户,就是我们的潜在生源。潜在资源可以是价值链上的任何一个环节的商家,也可以是任何机构的一个元素,资源整合的目的不是为了拥有,而是为了使用。

所以资源的本质是能够为你所用、帮助你实现目标的东西。至于怎么用?如何用?接下来的杠杆借力环节中会详细为你介绍。

二、资源整合的六大功效

在机构需要资源整合的时候,你需要以目标为导向,通过资源整合实现以下六个方面的提升或者突破。

一是提高报名率。如果你的招生情况不好,或者报名率很低,这个时候就可以通过资源整合提高报名率。你可以通过整合别人的赠品,通过赠品去吸引你的潜在生源。也可以联合一些商家,只要报名就送美容体验、瑜伽课程、儿童摄影写真等。通过赠品吸引潜在生源,促进报名。

二是提升机构与课程价值。假如你的教学模式在市场中同质化严重,人才和教学方面又没有足够的竞争力,就可以通过整合好的课程和优秀的老师为你的机构打造核心竞争力。

三是提升品牌影响力。假如要让你的机构提升知名度,增强品牌的影响力,你可以整合促进传播的资源,让潜在生源经常接触到你机构的信息。比如:在一些学校门口的小店,或者在孩子经常玩耍的游乐园。

四是减少成本与风险。众筹模式就是一个好的方法。因为通过众筹,每位参与者都降低了成本与风险。如果你要发起任何活动,你都可以整合关联的商家,共同发起,这样不仅仅减少活动成本,还可以扩大影响力。比如:印发宣传册,你要印一万份,但是通过联盟的力量,你可以联合其他关联商家共同印制十万份,让十个商家或机构共同承担印刷费。同时还可以联合十家机构的所有人员共同宣传,不但降低了成本,还提升了宣传力度。

五是突破发展瓶颈。每一家机构在发展过程中都可能遇到瓶颈,有时候一些瓶颈和困难靠机构和个人的力量,短时间内很难突破,这个时候你就需要整合外部的资源来解决。而你自己遇见瓶颈时,则需要转变思维、整合资源、借力突破。教学上可以通过合作、加盟、研发解决,营销上可以借助外力培训、资源整合、资源置换的方式进行突破。

六是强大实力。面对竞争激烈的少儿美术培训市场,你需要通过资源整合提升机构的实力,赢得竞争。在战国时期,苏秦、张仪提出了"合纵连横"的资源整合战略思维。"合纵"指的是通过整合大量的小国(零散性资源),从而实现抱团取暖。"连横"是指大国(强势性资源)建立战略和合作关系,快速提升实力。

三、资源整合的四大策略

资源整合的核心就是流通。就像一条河的水一样，如果不流动，就成了臭水沟。假如你有一些资源，在你手上不能产生价值，这个资源也就不是资源了。这时，你需要做的就是去找需要这些资源的人，让你手上的资源变成价值。资源整合是通过流通、共享、置换、优化来完成的，通过资源整合你可以快速发展，强大自己。资源整合有以下四大策略：

策略一，资源置换

资源置换是指把你手中已有的资源拿去与其他机构和商家置换，从而达到各取所需的目的。通过资源置换，双方都获得了自己想要的资源，实现了资源最优化的配置。在资源置换过程中，你可以分析哪里有你想要的资源，同时你也想好用自己的哪种资源去置换。**资源置换也是盘活那些沉寂资源的最好方式，把一些使用价值不大的资源，通过置换发挥出最大的价值。**

▶ 案例：

我们买杂志的时候，有些杂志会附赠很多赠品，有的是化妆品的试用装，有的是购物网站注册会员送5元、10元现金之类。化妆品的商家和购物站，通过杂志的渠道，把自己的产品和信息传递给终端的消费者。而杂志也通过赠品提升了自己的额外价值，也加强了读者的体验。双方通过资源置换，实现了双赢的目的。

策略二，资源共享

资源共享是指把属于自己的信息资源、家长资源、渠道资源等与其他人共享，通过共享快速获得更多资源。共享的方式可以是有偿的，也可以是无偿交换的。资源共享可以帮助共享双方减少获得资源的成本，提高工作效率，从而更快速地开拓市场。

你可以分析你想要的资源，哪些商家和机构也想要？此时你们的目的是相同的，在没有同行竞争的情况下，你可以与这些商家和机构建立合作关系，实现资源共享。最常见的资源共享有：客户共享和渠道共享。

客户共享是在不伤害客户情感、不侵犯客户隐私的情况下，与其他的机构和商家进行客户资料共享，双双扩大市场份额，这是件互利共赢的事情。渠道共享是指异业联盟和同行之间的渠道的借用和共享，这是一种可以提升知名度，更可以超越竞争对手的一种资源整合方式。

▶ 案例：

××市教育节

现在的节日林林总总，比如：天猫就是硬生生地创造了一个"双11"的购物节。而我们可以整合资源，在当地举办教育节。联合所有的机构与相关商家，做一个类似展会的形式，对外进行宣传。

1. 联合相关的机构与商家，各自拿出100-500元的代金券，装在一个红包里，组成一个价值5000元的优惠大礼包。

2. 潜在生源只要到机构或者商家那里，只要登记了姓名、联系方式，就可以拿走一个优惠大礼包，并且还可以参加抽奖活动。

3. 联盟的机构与商家实现了名单共享互通，也实现了多方面客户资源倍增的结果。

通过教育节的定位，每家机构和商家都获得了自己想要的潜在生源和客户资源。同时也为教育节带来了影响力，最终提升了培训机构的新生增长率。

策略三，资源优化配置

资源的优化配置就像做一道菜的过程，相同的食材，根据不同的配置，做出来的味道不同、价格也不同。聪明的厨师总是能用最好的食谱，让每一种食材都能发挥最大的作用。

资源优化的配置就是指认真分析机构内部和外部的资源，深入分析资源背后潜在的价值基础，重新对资源进行优化配置。你可以优化自己内部资源配置，也可以整合别人的资源进行优化配置。古代"田忌赛马"的故事，就是资源优化配置的经典案例。

▶ 案例：

用硬笔带动美术

小学生写字基本是每个家庭都需要关注的问题，因为字体的好坏，可能会直接影响到学生的分数。但是专门想把字练得好看，除了家长有特别要求的之外，并不是很多。如果你有硬笔书法方面的特长和师资，就可以用硬笔书法来进行引流，比如：报一年美术班送一期价值980元写字班，仅需100元教材费和材料费。

策略四，资源的附加使用

资源的附加使用就是搭顺风车的原理。当你的"目的地"与其他机构和商家相同时，你可以进行"拼车"，通过资源附加使用减少成本，优化资源的使用价值。

如果你们是一家经常做活动的美术机构，建议你们不要在其他机构都做活动的时候也去做活动，为什么？因为你们活动的信息很容易被淹没在他们的信息中。比如：圣诞节的时候，几乎每一个商家和每一家培训机构都在做圣诞节的活动。而我们的做法是提前做万圣节，把所有的资源和精力都放到万圣节。因为一般的机构不会在万圣节的时候花费那么多的人力物力。但是如果你做了，而且规模、规格、场地、人数都不错的话，影响力和口碑就会很迅速地扩张起来。

在举办万圣节活动的时候，你尽量去联系更多的商家。比如：汽车美容、美容店、儿童摄影、母婴店等，让他们提供相关的奖品，从而成为你活动的协办方。而你也可以在他们那里做优惠活动，把你的课程作为赠品，成为他们活动的协办方，这也相当于你做了一次活动。但是参与很多次的活动，并进行了多场的促销活动，比起专门做一场活动的成本更低，传播力度更大、效果更好。你可以同时搭上好多辆顺风车，从而轻松整合更多的资源，发挥资源背后更大的价值，为你的机构带来更大的发展空间。

第二节
杠杆借力的核心本质

通过对资源系统的分析,相信你也知道了所有的资源都可以通过杠杆借力的作用发挥更大的价值。杠杆借力就是借助资源的力量,把资源价值最大化的过程。营销大师们经常通过资源整合、优化配置、建立战略合作伙伴关系等杠杆借力方式帮助企业发展并壮大,这些都是杠杆借力。

那么,杠杆借力是一个什么样的工具?杠杆借力的本质是什么?接下来介绍的是杠杆借力的五大要素与杠杆借力的六个本质,也就是杠杆借力的核心内容。

一、杠杆借力的五个核心要素

很多营销大师都在说:杠杆借力营销是最轻松的营销,你要学会借力,借力使力不费力，从而轻松成功。但是他们都不肯说，什么是杠杆借力？这是他们不愿意公开的秘密。

接下来就为你揭开杠杆借力的五个核心要素。

1. 杠杆——平衡借力方案的用力原则

杠杆是什么呢？杠杆就是由借力方提出，并且被借力方认可的借力方案，或者由借力双方基于取长补短的需要共同定制的借力方案。杠杆代表着借力双方围绕着借力目的制定如何整合资源、如何分配资源、以及如何执行激励方案等内容。杠杆是双方合作与执行的规则，这些规则规定了双方该如何出力、该出多少力、该用力在哪一个点上。

2. 借——整合资源的思维与能力

杠杆借力的第二个要素是：借。借杠杆借力的核心。借，意味着你运用杠杆借力的思维，通过巧妙地借用他人的力量，达到使自己的力气发挥出双倍或者多倍的效果，或者花很小的力量，却能轻松达到想要的结果。

杠杆借力的三字诀是：找、借、用。而其中借是最为重要的，而你需要锻炼借的能力与思维，也要知道自己要借什么、怎么借、向谁借。

3. 力——推动成功结果的力量

力是我们要借到的力量或资源，是指能够快速推动我们轻松走向成功的力量。

在这里必须要谈到两点：需要用力的地方就一定存在摩擦。因此我们可以这样理解，在我们成功的路上，这些成功的摩擦意味着需要付出成本。那么，我们在借力的时候，有两种思考方向：一是能推动我们成功、提高利润；二是能够帮助我们减少摩擦、减低成本。

力的作用是相互的。因此，我们借力的时候，不仅仅要思考借力别人获得你需要的东西，你更要思考，如何让别人借你的力，获得他们想要的东西。比如：你有很多的生源，你可以通过让别人借你的力，达到合作的目的，从而获得利润。

4. 支点——借力方案的利益共识点

支点是指借力双方都认可的利益点，也是借力双方达成的共识点，也可以称为"借力主张"。借力过程是双方合作共赢的过程，因此在这个过程中借力双方必须达成利益共识，才能确保方案顺利进行。

利益共识使借力双方都愿意付出自己应有的力量。在实施杠杆借力的时候，你必须考虑能够给借力对象带来哪些好处，这些好处是否能吸引对方合作，同时思考通过借力你能够获得什么。这就是为什么要设计借力双方的利益共识点。

5. 对象——可以实现借力共赢的对象

对象就是指被借力的一方，这个对象身上有你想要的资源和力量。借力对象可以是关联的商家，还可以是你的家长，还有媒体、时机、文化内涵等。在寻找杠杆借力对象时，必须以营销为导向，深入分析自己缺乏哪些资源，这些资源在谁手中，从而确定最适合的借力对象。

杠杆借力也不一定要让别人出很大的力气，而是通过别人不用的、闲置的，或未完全开发利用的资源和力量，从而获得双方都想要的结果。在这里要特别强调，在使用杠杆借力的时候，借力方不是寻求被借力方的帮助，而是通过整合资源的方式实现共赢。借力方在与别人谈杠杆借力的时候，不要委曲求全，因为双方的地位是平等的。

而作为借力方，虽然被动，但也是收益的一方。通过借力商定，把未完全发挥作用的资源利用起来，就可以获得自己想要的结果。

二、杠杆借力的六个本质

杠杆借力的本质是更轻松、更快速地实现推广目的，同时增加学生的报名概率。**简单地说，杠杆借力有两个出发点：一是用利用最少的成本和最低的风险达到目的；二是增加学生人数和扩大影响力。**

也许你看过一些整合资源和杠杆借力的案例，看的时候感觉非常神奇，在实际运用的时候却无法下手。这是为什么呢？因为杠杆借力是一个灵活多变的策略，必须透过现象看本质，弄清了本质，就可以轻松地用杠杆借力了。

1. 获得生源。借助一个通道，快速获取大量的生源信息，并且构建自己的生源数据库。

生源、生源、还是生源，在少儿美术机构中，有了生源你就拥有了一切。生源是你事业的生命线，在你刚刚开始自己事业的时候，开发新生源是你最重要的工作，如何快速获得生源是你机构的第一个突破点。

你要分析你的生源在哪里聚焦，哪些商家手中有你想要的生源，生源相信哪些行业领袖。你要做的是通过合作的方案，快速地把相关机构和商家的数据库里的生源大量吸引过来。你还可以分析你想要的生源，有哪些商家也想要？你们可以通过共享借力的方式，共同开发新的生源。前面我们提到"生源共享联盟"，就是通过相关的机构或商家共同开发新的生源，共同分享生源，从而快速打开市场局面。

2. 新生报名。借助一个通道，快速与生源建立信任；扩展销售渠道，轻松地让大量的生源报名，达到提高报名率的目的。

提高报名率是杠杆借力的一个重要目的，只有新生报名才能让机构产生利润。当你拥有了一批学生和家长的时候，你就会发现，让家长报名是招生工作的重中之重。你需要整合更多的资源来快速打开市场突破口，所以，你必须抢占市场，否则你的竞争对手会抢占你的生源。

新生报名中一个最关键的因素就是信任。因为一位新生和家长对于陌生的机构、陌生老师的信任度有限，你需要借力于生源信任度高的机构和商家或者个人，轻松地突破信任的障碍。一些商家和机构已经和生源进行了多次的亲密接触，并具备了良好的信任基础，你可以借力这些相关商家和机构，实现信任的嫁接和转移，从而提高报名的概率。

▶ 案例：

借力报名的方法

1. 你可以借力一些商家。比如：儿童用品店、文具店，通过整合的方式促进你的报名。

2. 开学的时候，学生们都需要购买文具用品，在文具店放上易拉宝，进行宣传。

3. 准备物料，不要做宣传单，而是做成课程表。因为开学的时候每个学生都需要一个课程表。

只要学生购买任何产品，只要多加1元就可以获得我们的课程表。并且课程表的背面是一个免费的试听卡；同时也特别提醒，只要到画室，就送一份特别的礼物。

因为家长都已经有向这些商家购买商品的经验，对商家已经建立了一种信任感，而这种信任感很可能会转嫁到你的身上。如果他们的孩子真的有学习美术的意向，第一个选择的就是你。

3. 提升价值。是指提升教学的价值与吸引力，从而提高利润。

你可以通过整合借力对象的价值，从而提高教学的价值。可以借力整合优秀的课程，提升你机构的竞争力和课程的含金量。你也可以整合相关的商家作为赠品，在家长报名的时候提升报名后的价值。

4. 倍增利润。是指快速发展事业规模，从而实现利润倍增。

当你把少儿美术培训做到一定规模的时候，此时的借力点要放到如何能够安全、轻松、快速地放大你的利润等方面。你可以考虑增加分校，扩大市场规模，也可以进行连锁加盟。通过连锁加盟的方式，在市场方面快速布局，形成集群效应，从而让你的利润得到增长。

▶ 案例：

另一种形式的复制加盟

某个美术机构在省会城市，已经成为当地人数最多的机构之一，并且具有一定的影响力。后来他们想要进一步发展的时候，就进行了多方面的整合。

（1）整合优秀的老师，让优秀的老师入股，以此整合了团队。

（2）整理系统的课程，还有师资的培训体系。

（3）向周边城市进行师资培训和扶持加盟。

很快这个机构周边的城市就有了接近10家以上的扶持机构，并且也很快达到了利润倍增的目的。

5. 反借力。是指充分利用自己的资源，实现利润与价值的最大化。

当你手上拥有生源的时候，你可以考虑如何才能把这些资源价值最大化，如何进行反借力。既可以分析你的生源还有哪些需求，哪些需求和你们的生源能进行匹配，从而实现你们的生源价值最大化。

▶ 案例：

巧妙反借力

送孩子来学习绘画的家长有一小部分是因为孩子好动，希望通过学习绘画陶冶性情，让孩子安静下来。但是事实上，绘画并不是能让每一个好动的孩子都变得安静。一个孩子多动、注意力不集中是多方面因素所决定的。如果这方面真的是十分的严重，我们就可以把这种孩子介绍给专门提升注意力的机构。如果能谈判好合作的意向，无形中又增加了一个新的利润点。

6. 深度操盘。是指通过挖掘家长和社会的需求，借力有生源的人，借力能满足生源的人，从而轻松地达到招生的目的。

深度操盘就是通过整合多方面的资源，在不花一分钱的情况下，快速达到招生的目的。想要深度操盘必须能够敏锐地把握市场的需求，快速整合借力对象的资源，并对资源进行优化配置。

深度操盘的实质是从无到有，从零开始的多方面整合资源，并把多方面资源进行最优化配置，所有的资源都可以通过杠杆作用，发挥最大的价值。

▶ 案例：

无中生有的招生方式

某个五星级酒店，每年"六一"都要举办全市的绘画比赛，这个比赛由教育局出面举办，由酒店方承办，然后再找一些赞助单位出礼品，大致这样做了三年。而今年某培训机构进行冠名并举办比赛，举办和冠名也是进行了多方面的整合。

1. 本次全市美术比赛还是由酒店牵线教育局，某培训机构进行冠名赞助，并设计了本次的参赛规则。

2. 因为这次活动需要冠名费，所以这家培训机构就找了三家其他类型的机构共同举办，这样他们就不必承担所有的费用，甚至可以不用承担费用。

3. 找更多的商家进行交流和沟通，让商家提供这次活动的奖品。找的商家越多越好，奖品越丰富越好。

4. 颁布比赛的细则，重点分为预赛和现场决赛。预赛时必须把作品拿到这个机构进行选评，他们还针对本次活动对作品进行指导（目的跟试听课差不多，让更多的潜在生源来到这里，感受他们的教学和服务）。

5. 正式决赛在酒店内进行，相信参加的家长一定会大量地拍照发朋友圈，进行刷屏，如果获奖家长们更会进一步的传播。

6. 活动结束后，无论是参加预赛还是决赛的人员的名单就到了你的手里，这是最精准的名单，每一个都是爱画画的孩子，然后你就可以进行电话邀约了。邀约试听后，你就有机会让家长和孩子报名了。

上面的文字对这次活动讲述得很简单，其实真正的操作需要做很多细节的调整，以及变数的调整。但这是一个一举多得的好方案，希望有一定资源和能力的机构好好地思考一下，应该能给你带来启发。

你可以什么都没有，但是你一定要有杠杆借力与资源整合的思维，因为它可以快速地帮助你招生。

第三节
杠杆借力的三把金钥匙

杠杆借力的神奇之处就是,世界上有很多你想做的事情,一定有人已经做过。你要做的不是从零开始,而是通过借力于别人的成功经验开始你的事业。

接下来就与你分享杠杆借力的三把金钥匙和四个重要法则。

一、杠杆借力的三把金钥匙

一把牢固的大锁挂在门上,有人费了九牛二虎之力用铁棍也无法把它撬开。但是钥匙来了,用瘦小的身子钻进了锁孔,只需轻轻一转,大锁"啪"地一下就开了。钥匙是开锁的最佳工具,为了解开杠杆借力这个神奇的谜题,现在我们就一起来寻找杠杆借力的三把金钥匙。他们分别是:

金钥匙一:找到有钱的人,因为钱流向那里。

金钥匙二：找到有生源的人，因为生源走向那里。

金钥匙三：找到有方法的人，因为方法就在那里。

接下来我就会为你一一分析这三把金钥匙是如何使用的以及在什么情况下使用哪一把金钥匙。

金钥匙一：找到有钱的人，因为金钱流向那里。

金钱的流动是有规律的，不知道你有没有发现一个普遍的现象，就是越有钱的人越有钱，没钱的人越来越没钱。为什么呢？很多人认为是有了钱以后，钱生钱。但真的如此吗？

答案是否定的。如果一定要一个答案，那就是钱会流向有钱人，因为钱知道答案。金钱流动的方向代表着市场的趋势，而有钱人常常是善于把握市场方向、善于了解市场趋势的人。当你不懂经营、不懂市场方向与规律时，你就要关注钱流向哪些地方，这些地方代表了市场的趋势与未来盈利的空间。

当然最重要的是要借力有钱的人，有钱人越来越有钱的背后，代表着四个因素：

第一，有钱的人，一定有很好的商业模式。

第二，有钱的人，一定有很好的经营项目。

第三，有钱的人，一定有很好的盈利方法。

第四，有钱的人，能够把握市场的趋势和方向。

正如你想获得水，就一定要沿着河流的方向走。同样的，你想赚钱，就要沿着钱的方向走。钱流向有钱的人，如果你与有钱人在一起，钱也会流向你，更重要的是，你可以找到有钱的人投资你，让你插上资本的翅膀，轻松快速地腾飞。

▶ 案例：

借力有钱人

李老师是一家小型机构的负责人，学生大概有120人左右。他教大部分的学生，并请了一两个兼职和助教。因为在教学上不断钻研和探索，孩子们的作品经常获得一些奖项，所以该机构在老生中的口碑非常好。

正因为如此，在她教的学生家长中，有一位事业做得非常不错的家长，看重少儿美术教育事业的发展前景，所以与李老师一直在沟通，想进行深度的合作。李老师经过慎重地考虑，权衡多方面的因素，和这位家长合资办了一个旗舰校区。因为这位家长的事业很成功，并在教学和管理上进行了有效的分工，每个人各司其职，新校区的人数很快就突破200人以上。

所有有钱人背后，不仅仅是钱，更是资源、管理能力、团队能力、营销能力，更关键的是经营的经验。所以你要与有钱人建立关系。

金钥匙二：找到有生源的人，因为生源走向那里。

生源是少儿美术培训机构的关键，也是我们生存的关键。我们要考虑如何靠杠杆借力到更多的生源呢？在生活中你会发现一个很有趣的现象，就是去吃饭的时候，当你不知道吃什么的时候，你就会去人数最多的那一家餐厅去吃，而人数少的餐厅，你会发现那里的客人越来越少，这是为什么呢？因为这是"从众效应"的心理作用。

任何的培训机构也是一样，人数越多的美术机构，一定有它必然特有的原因，可能是独特的价值与魅力，也可能是洞悉家长的心理，知道家长的需求，提供给家长优质的体验与满足感。

有生源的机构，生源越来越多，背后有三个原因：

1. 有生源的人，一定有一套很好的与家长建立信任的方法。
2. 有生源的人，一定有一套很好的满足生源需求的方法。
3. 有生源的人，一定有一套很好的留住生源的方法。

▶ 案例：

借力有生源的机构

一家刚刚开业的美术机构，想通过借力把自己的人气做上去，而最头痛的就是生源去哪里找？经过我的指导，他去找了离他机构附近人数最多、最大的一家舞蹈机构。把自己的孩子送过去学习舞蹈，并经常与该机构的负责人进行沟通。久而久之，该负责人和他熟络起来，交流的过程中，渐渐地对他产生了信任。

相处久了以后，他们变成了一对非常好的朋友，而这家舞蹈机构的负责人，经常会教他一些关于如何招生、如何经营培训机构的经验。并介绍自己舞蹈机构的学生去他的美术机构学习美术。

有生源的人，背后不仅仅是一群学生和家长，更重要的是他们懂得生源的需求，知道家长的内心所想，并且知道如何去服务他们。

金钥匙三：找到有方法的人，因为方法就在那里。

有人说："这个世界上最大的浪费就是自我摸索"。这句话对一直从事创新研究工作的人不合适，但是对于我们美术培训机构来说，却是最合适。因为摸索的背后不仅仅是学习成本，更是商机成本，也是时间成本。当你摸索懂了以后，可能最好的时机已经过去了。

有的老师为了学习营销，去各个地方学习后，自己总结摸索研究，花了两三年的时间成本。这个时候要想一下浪费的时间成本是多少？如果找到专业的营销指导，可能马上就会有效果，还可能会让生源和利润倍增。

你所要寻求的方法和资源，一定有专业的人在进行研究，他们更加专业。聪明的机构负责人总是善于使用专业的人，让专业的人干专业的事。

而有方法的人，后面代表着三个因素：

第一，有方法的人，一定对专业有很深的了解，他一定经历了摸索或者学习的过程，而这个过程我们可以省去。

第二，有方法的人，一定掌握了这个领域中成熟的方法。

第三，有方法的人，一定对这个领域发展与趋势相当的了解。

你所不会做的，这个世界上一定有人会做，如果你想最快地做好这件事，你要找到会做的人，要么让他帮你，要么让他教你怎么做。

三把金钥匙的总结：

有钱人代表钱流向那里，说明市场、趋势与盈利能力在那里，也说明了社会资源和运作方法在那里；有生源的人就代表生源就在那里，说明需求也在那里，会做的人代表方法就在那里。

二、杠杆借力的四大法则

法则一：这个世界上，任何一个你想实现的目标，已经有人做到了。你要做的是找到这个人，向他请教与学习，这样你会更容易成功。

如果你想做一家少儿美术培训机构，或者想让你的机构得到更大的发展，首先你要想清楚，你想做成什么样类型的少儿美术机构，是艺术取向？还是教育取向？还是装修的风格、作品内容的呈现？这些你都可以按照你个人的意愿去选择。然后找到已经做成功的人，向他们请教，向他们学习，和他们合作。从而省去你无数摸索的时间，也省去很多走弯路付出的成本。因为你想要的课程、管理、招生等，在别人手里一定有，只要找到他，就可以通过借力的方式获得，或者是获得使用权利，从而省去了自己研发课程、管理、招生的时间与成本。

法则二：在这个世界上，任何你想做的事情，任何想实现的目标，一定另外有人想与你一样实现，你要做的就是找到这些人，和他们一起努力，这样更容易成功。

追求梦想的道路一定是崎岖的，有的时候你要找到一些志同道合的人，结伴同行，这样可以相互鼓励，相互学习，并在不断的进行总结和交流中，一起进步与成长。你们可以共同学习、相互交换经验，省去共同的成本，实现共赢的目标。

比如：有家机构请我去做内训，其实这家机构是和另外一家机构共同出资的，两家机构大概一共有十几位老师，如果每个人都去培训，那费用就很高。而请老师来做内训，每个老师都受益，而且两家机构也都节省了成本，又获得了他们想要的结果。

法则三：这个世界上，当你实现一个目标、做成一件事的时候，一定会有人从中获益。你要做的就是找到这些人，告诉他们你的成功将会给他们带来什么好处，这样他们就会找你来帮忙，让你从中获益，并获得更大的成功。

如果你做少儿美术培训很多年，相信你一定对少儿美术培训有着独特的见解，这些见解对你来说是司空见惯，可是对一些人来说却是非常宝贵的经验。而你可以找到这些人，也可以让这些人找到你，你给他们提供一些帮助与服务，并换取丰厚的回报。

法则四：这个世界上，任何一件你已经做得很成功的事情，都可以通过资源整合与优化，把你已有的成功模式优化和放大，从而实现你的利益最大化。

把你成功的经验总结出来，这样你就可以进行更多的资源整合。比如：让别人投资合营更大的机构；比如：把自己的课程、管理、招生进行加盟，或者对一些机构进行收费的扶持，这些都是通过自己的能力产生的利益，从而让你的利益和利润更加地优化、倍增。

总结：无论你的事业处于哪个阶段，你都可以借力于已经成功的前辈，也可以借力于与你同行的人，还可以借力于愿意支持你的受众。在这个过程中，你可以整合多方资源，优化配置、迅速壮大，并通过杠杆借力获得更多的收益。

第四节
杠杆借力的核心流程

现在已不是个人英雄主义的时代了，也不是单打独斗的时代了，而是一个资源整合与战略合作的时代，因此你必须要懂得使用杠杆借力。通过前文，你已经了解了杠杆借力的要素、本质、法则、策略等，接下来我将与你分享杠杆借力的核心流程，以及如何进行借力谈判合作。

一、杠杆借力的七个核心流程

杠杆借力看似复杂，但也有可以遵循的流程。只要掌握了杠杆借力的思维和策略，结合杠杆借力的七个流程，就可以轻松地设计与执行杠杆借力的方案。杠杆借力的七个流程步骤如下：

步骤一：目标导向，明确自己要达到的目的。

目标导向就是在杠杆借力开始的时候，你必须清晰地知道自己要实现的目标是什么，明确实现目标的过程中会缺乏哪些资源、遇到哪些障碍，哪些方面你可以轻松地借力。把你想要的目标写下来，然后进行头脑风暴。

步骤二：条件导向，明确自己需要借的东西。

当你确定目标后，可以在学校的内部进行一场头脑风暴。列出实现这个目标的每一个步骤，实现目标的过程中需要哪些资源的支撑。你要分析实现目标过程中每一个环节，通过细致地分析，确定你所需要的资源。

比如：缺少生源、缺少行业经验、缺少课程体系、缺少营销方法等。你要清晰地知道，然后分析哪里有你所缺的资源，你所缺乏的资源都可以通过整合借力的方式去获取，从而省去了你自己摸索和开发的学习成本。

步骤三：对象导向，明确谁是你的借力对象。

明确了你要借力的内容后，你还要明确谁的手里有你想借的东西，在寻找杠杆借力对象的过程中，有四个原则你需要特别注意：

1. 你要借的东西不会给借力对象带来损失和风险；

2. 你要把相关的利益分享给借力的对象；

3. 借力过程中不会给借力对象带来过多的麻烦，不需要借力对象过多地付出；

4. 借力过程中，你能优化和使用借来的资源，并且可以使价值最大化。

如何快速地寻找杠杆借力的对象呢？它需要从五个角度寻找，分别如下：

(1) 家长的角度。你可以寻找哪些机构和商家跟少儿美术能产生关联，哪些机构和商家与你要的生源相同，你可以从前者借力获得生源，可以与后者合作一起开发生源。

(2) 目的的角度。你可以寻找那些借力对象已经做到的，或者找到那些跟你目标相同的人。你可以从前者那里获得经验和方法，和后者联合行动，达到你想要的目的。比如：一起做一次大型的活动或者招生之类的事。

(3) 成本的角度。做任何招生活动，都需要成本。如果做大型的活动，你可以考虑哪些商家和机构也想搞这类活动，这样就可以分摊成本，节约资金。

(4) 价值的角度。你要时刻考虑为你的教学增值并打磨课程；为你的机构品牌增值。提升价值是你获得成功的重要前提，你可以考虑如何打造价值、提升价值，比如通过活动、关系、研发等提升价值。

(5) 力量的角度。不管你觉得如何，少儿美术教育的本质除了教育还有商业。既然是商业就存在竞争，竞争的趋势就是弱肉强食、强者生存、弱者淘汰。你要思考你可以与哪些强力的对象进行深度的合作。这样形成竞争的壁垒，让自己强大起来。

步骤四：借力分析，锁定借力对象的需求和愿景。

选择借力对象后，你必须知道对方需要的利益。如果借力于别人，而别人没有利益，这个杠杆借力的方案也不会成形。因为每个人的希望都是付出能得到回报，没有回报的付出是不可持续的。因此，分析借力对象心里的利益需求，是进行杠杆借力中非常关键的一环。

一般来说借力对象内心的需求有几个方面：

1. 渴望获得更多的利润；
2. 渴望获得更高的知名度和影响力；
3. 渴望轻松地成交客户；
4. 渴望扩大自己的规模，提升实力。

每个人都是自私的，借力对方只是关心自己的利益，所以你必须从利益的角度出发，结合你的需求来进行借力。

步骤五：借力方案，制定并明确借力的原则与方法。

分析完借力对象后，你可以拟定合作的方案，然后对方案进行商讨。在方案中说明双方资源整合的方法，双方所需要承担的责任和获得的利益。这里要特别提醒的是，每个人都不希望按照对方的要求一步一步去做，所以我们要做的就是尽量去引导借力的对象，然后在共识点上达成一致。

步骤六：借力推进，迈出杠杆借力的第一步。

在与任何人的合作中，你都应该是先付出的那一个，所以合作的第一步是你要先行动。借力合作方案达成后，你作为借力的一方，不能坐享其成，你要马上积极行动。比如：推出赠品、提供服务等，有的时候杠杆借力看的就是你的态度、你的付出和你的真诚。

步骤七：借力循环，推动杠杆借力持续发展的作用。

杠杆借力既然是发挥了作用，那就要让它持续地发挥作用。所以你不能借力了就万事大吉、置之不理，而是要经常地进行调整、调节，保持杠杆借力的活力。

二、借力合作谈判的技巧

一直以来，借力合作谈判是困扰很多老师的一个难题。很多老师怕与陌生人打交道，或者不知道如何进行借力合作，并且总害怕与否定杠杆借力的可能性。记住，方法一定比困难多。多一个合作的对象，你的生源就有一个提升。想要进行一场完美的杠杆借力的谈判与沟通，你需要明白人性的特征。

（一）杠杆借力对人性因素的分析

我们了解一个人的本质，是从人性角度展开的，一般来说，每个人都有以下的几个特征：

第一个特征：自私。从人性的角度来说，每个人都是自私的。自私是一种自我保护的方式，也是人的天性中趋利避害的本能。所以在利益面前，自私是大脑中的第一个反应。但是在与别人合作的时候，一定要100%从对方的角度和利益考虑问题。

第二个特征：怕风险。规避风险是人的本能，在一个相对来说比较稳定的状态和环境中，这个本能是不愿意改变的，因为改变就意味着风险。既然是风险就有着不可预测的未知结果，所以借力的时候要思考对方的风险、顾虑、自身的利益与影响力。而你必须规避对方的所有风险，并把风险降到最低。

第三个特征：懒惰。人的天性就是追求享受和逃避劳动，用一个词形容就是懒惰。无论社会进步到哪种时代，人们想到最多的就是少付出或者不付出就能得到享受和成果。在现实社会中，不要妄想别人会为你主动付出什么，所以在借力谈判中，你一定要先付出，让对方只要小小的付出就可以获得更大的回报，这样才可能与别人谈成杠杆借力。

第四个特征：贪婪。任何一个人都不会嫌自己的钱太多，不会嫌利益太多。所以在借力谈判时，要给借力对方更多的利益，这样合作的可能性就越大。

第五个特征：自我为中心。马洛斯的五种需求，每一种需求都是和我有关，所以我才是一切的根源。这个"我"是大脑中的自我，自我有一套评判事物的标准和方法，并且能得出结论。所以与借力对象谈判的时候，多听对方的意见，并尊重对方的意见，引导对方共同制定合作的方案。

（二）杠杆借力对象的心理思考流程

当与杠杆借力对象商讨制定方案的时候，他的心理思考流程是如何的呢？你可以换位思考一下，如果你是被杠杆借力的人，你所担心的问题是什么？

1. 这件事跟我有关吗？
2. 这件事有风险吗？
3. 这件事有哪些收益？
4. 这些收益值得我去做吗？
5. 我觉得这件事该怎么做？

记住，人只会关注与自己相关的事情，所以在进行借力谈判的时候，你要时时刻刻记住，你的所有方案都与对方的利益相关。然后分析合作的风险、利益、付出与回报是否成正比等，经过总结分析判断后，借力对象会根据自己的经验和思考做出他认为合理的方案。

最后，想让杠杆借力顺畅地进行，必须要遵循以上的思考流程，这样才更容易完成你的目标。还有，在进行借力谈判中，你不能太过于主导谈判和借力的过程，不要以自我为中心。你谈判的本质是要合作，在不影响你的利益的情况下，你可以把主导权让给对方，你要做的就是引导他们往你所希望的方案靠拢。

借力，不是主导，是要引导！

▶ 案例：

借力谈判方案

为了提升画室续费和新生报名的成功率，我们机构想在赠品上下一些功夫，思考了很久，打算送儿童摄影写真。但我们的想法是，既想让孩子获得写真的挂历，又不想支付任何的费用。怎么做呢？当然需要一些技巧和方法，而事实上，我们确实做到了。那到底是怎么做的？大体的思路就是我们为这个儿童摄影设计了一个销售的流程，按照这个流程下来，我们不但没有付一分钱，同时儿童摄影也获得了他们想要的东西。

接下来就给你一一地分解：

设计一个免费的摄影写真卡，只要持卡说是我们的学员，就可以获得一份价值128元的挂历写真。

想去儿童摄影进行拍照，必须要先电话进行预约，因为儿童摄影的高峰期是在周末，这种免费的活动就不适合在周末进行，所以要进行预约。由儿童摄影制定时间拍摄，并利用空闲时间完成这次拍摄。

在进行拍摄的时候，让摄影师拍五套以上的造型和背景，这五套造型至少有几十张照片。

儿童摄影的免费挂历写真只能放一张照片，而剩下几十张的底片。如果家长需要请另外付费，这样，只要选择五张以上的照片，这个写真挂历的成本就收回来了。

如果有的家长选择的照片超过十张以上，就让儿童摄影与家长商议：

"你看你既然选择了十多张照片,我们这里现在有一个特别的摄影套餐,原价是980元,现在特价是380元,套餐内的所有优惠都不变,还额外把你选的这些照片送给你,而不需要任何的费用,您看如何呢?"这样就为儿童摄影增加了拍摄套餐的机会。

如果家长回应表现得非常强烈,你可以让导购说:"既然你这么有兴趣,我再向领导申请一下更大优惠好不好?"然后与老板商议,给出一个更加优惠的方案:"如果你选择我们的1280元的套餐,套餐内所有的礼品内容都不变,加送380元套餐的所有内容,再送你拍摄照片的所有底片和冲洗的照片,所有的价值超过了2500元以上"。

这样层层递进的销售流程,让顾客在无形中购买,并且获得超值的商品。

这里要特别说明:我们的每一次引导是给顾客两个选择,如果不选任何套餐,不选任何的照片,他也可以获得免费写真挂历。这完全是一种自由选择的姿态,你可以选择订购套餐,也可以不选择套餐。

而你为儿童摄影设计这套销售流程,他应该对你产生了极大的兴趣和信任,以后在进行任何的借力合作的时候,他都会第一时间响应你。

(三)借力谈判的核心流程

借力谈判是一个心理博弈的过程,你需要走进对方的内心世界,深入了解他们的需求,把合作的好处和利益展示给对方,并引导他们达成合作协议。在谈判的过程中,你始终要记住,把对方的需求放在心上,越是为对方着想,对方越愿意回应你,与你合作。

杠杆借力谈判的核心流程可以分为以下几个步骤:

步骤一：进入对方的世界，吸引注意力。

在合作谈判刚开始的时候，对方的思维还在自己的世界里，所关心的事情都是以自我为中心，潜意识会对旁人的信息进行忽视和过滤。你需要进入对方的世界,开场白必须与对方有关,这样才能引起对方的兴趣和关注。

步骤二：展示利益，刺激对方的渴望。

当你吸引对方关注了以后，你需要分析你能给对方带来什么样的好处和利益？你可以明确地告诉对方你能帮他做什么。虽然你的目的是进行杠杆借力合作，实现双赢。但是不能直接抛出合作意图，你要先把对方想要的利益展示出来。比如：让你的客户更多、让你的营业额增加等。如果在不增加成本的情况下，成交量提升、利润提升，我相信每个人都愿意与你合作。

在展示利益前，如何让借力对象清晰地感受到利益呢？这里有两个重要的工具：

一是数据化。只有数据才会让人有概念。比如：说续班率很高，很高是什么概念呢？其实不太清楚。假如说续班率上学期是200人，这个学期流失20人，就说明续班率是90%，这个时候你就觉得印象很清晰。

二是对比。没有对比，就不能突出愿景的价值。比如：与以前的学习过的课程对比，与竞争对手直接对比，家长报名与不报名的对比等。这既是对比，又通过对比，展现利益与价值。

步骤三：展示合作草案，倾听对方的意见。

这个时候你亮出制定的初步方案，告诉对方通过杠杆借力实现共赢的结果。你要给对方一个简单、轻松的执行路线图，你可以通过案例来验证方案的可行性，这里有几点要特别说明：

1. 杠杆借力的方案必须是与对方的利益相关。

2. 你要对方做的，是对方轻而易举能做到的。

3. 做好方案让对方去修改，让对方感到被尊重和认可。

任何人都会对别人的决定产生排斥，所以想让借力方心甘情愿又主动配合你的方案，你要积极地引导对方参与制定方案。当他们制定和参与了方案之后，他们的内心会觉得这个方案是我设计的，我一定要执行好。

步骤四：确定对方的观点，完善合作方案。

在讨论方案的时候，如何进行有效的沟通呢？你要不停地重复肯定对方的观点。比如你可以说："为了我的理解准确，我再与你确认一下你的观点，第一点是……第二点是……你认为我的理解对吗？"当你强调对方的观点的时候，对方也会反过来仔细听你重复的话，并寻找自己观点中的遗漏之处，调整方案策略，从而做出正确的决定。

确定好对方的观点之后，你要立刻完成合作的方案，并第一时间把整理好的方案给对方，并敲定合作的方案、时间、细节等。

最后强调的是，在进行杠杆借力谈判的时候，一定要站在对方的立场和角度上为对方着想，包括对方想要的利益、所需要的行动、担心的风险。你不能把借力的对象当成额外的劳动力和免费的帮忙对象，只让对方付出，却不给利益。当你越尊重对方时，对方越愿意与你真诚合作。

CHAPTER 4

报名

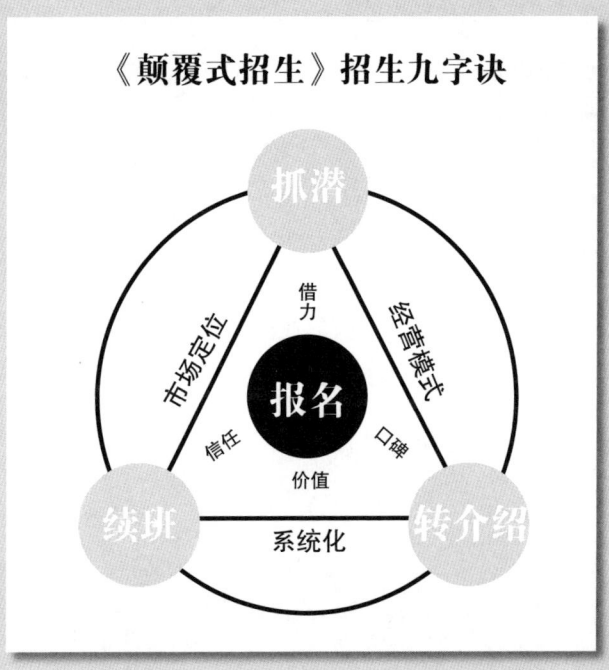

报名，是我们招生的重要环节。让家长报名是我们做营销的标志性结果。

但是你知道要家长报名，之前有哪些工作需要做呢？这里与你分享报名的三要素：

一、如何让家长感受到少儿美术的价值？

二、家长凭什么相信你，凭什么选择你？

三、如何打消家长的疑虑？

这些问题是家长在报名时考虑最多的问题，你必须想办法解决这三个问题，所以在报名之前你必须要做好周全的准备。

在这一章里，我将跟你分享如何塑造价值、如何建立信任以及如何掌握报名的秘诀，如何让家长在你这里报名，并获得超值的感受。你掌握这些秘诀后，就可以轻松战胜竞争对手了。

第一节
价值的塑造

在一个人购买商品或者支付价钱的时候,决定购买的原因不是因为价格,而是因为价值。人们喜欢为价值买单,只有感受到价值,才会心甘情愿地掏钱。少儿美术培训也是家长感受到了你的价值才会跟你报名,所以,价值塑造是提升报名率的先决条件。

塑造价值的一个先决条件是:必须站在家长需要和孩子喜好的角度,说明少儿美术能给孩子的成长带来哪些好处。你不能说,我们的课程很好,我们的教学很好。你必须转变思维,从我们的教学和课程很好,转换成课程对孩子很有帮助、很有用。重要的是学生,而不是你。

价值塑造的前提是你的教学必须够好,够优秀。这里的优秀不是你觉得优秀,你认为好,应该是客观真实的好课程和好教学。而好教学的标准又是什么呢?我的看法是必须符合孩子的天性、符合艺术的元素。

所以你必须全面透彻地把美术教学、家庭教育和孩子成长有机地结合到一起，呈献给家长，让家长感受到价值。你能传递给家长和孩子多少价值，你就会得到多少回报。营销中最公平的真理就是：家长和孩子感受到多少价值，他将为这个产品支付多少价格。一句话，你必须让家长觉得在你这里学习少儿美术值得，甚至超值，那么家长的报名率就会提高，你的转介绍也会非常多。

一、家长认知价值的四个层次：

在进行塑造价值之前，首先我们要先知道家长认知价值的过程，家长在报名的时候大脑是如何思考与决策的。经过无数次的分析与调研后，得出家长认知价值有四个层次，分别是：

（一）跟从认知

一般来说，家长不是美术专业出身，也不是教育出身，所以他体会不到、也不愿意了解少儿美术的价值。我们应该做的是给家长阐明我们做的少儿美术及教育是怎么回事。所以我们要展示给家长看，也要分析少儿美术在儿童成长阶段给孩子能带来什么样的帮助。很多人都有"从众心理"，大家认为多数人的判断一定有依据，所以大部分家长看到我们的机构会有最直接的问题产生：这家机构办了多久？这家机构有多少名学生？这里的老师是哪里的？

在现实生活中，你会发现，越多人排队的商家生意越好，越多人的培训机构人越多。因此，在塑造价值的过程中，你必须通过各种渠道告诉你的家长和学生，你机构的人数以及所获得的荣誉，让家长告诉家长你的培训机构的好，从而让家长感受到你的机构是值得信赖的。

（二）经验认知

家长往往会根据自己的经验来判断机构价值的好与坏，这就是经验认知。比如：家长会根据自己以前学过的机构去对比价格，分析你的学费是高还是低。家长也会把你的教学和以前机构的教学进行对比，以此来判断你的价值。当家长处于过去经验认知的时候，你要做的是把家长带入一个全新的价值评估世界，让家长按照你的评估体系重新认知价值。

而你可以增加各种增值服务。比如：提供绘本，给学生做免费的画册、个人台历等。用这些超值的内容、超值的服务，让家长感受到你的价格和价值是匹配的。

（三）理性认知

什么是理性认知？就是把你们机构的优缺点进行分析和总结。家长分析你们机构的特征、优点、好处、甚至老师是哪里毕业的，会问已经在学的家长孩子学习的收获与感受等，这个时候家长已经进入了理性价值认知的层次。在理性认知当中，家长会认真仔细地分析你们机构的教学和服务的每一个细节，以此来确定你们的价值，这个时候家长一般会考虑以下几个问题：

1. 我的孩子想学美术吗？
2. 你的教学有什么特点？与别人不同在哪里？
3. 你的教学能给我的孩子带来什么？
4. 你的教学与其他机构相比优点是什么？

5. 以前在你这里学过的孩子和家长的口碑如何？

6. 你们机构的价格与别的机构相比如何？

你要在塑造价值之前把这几点进行说明，并明确地告诉家长，学习少儿美术对孩子的成长有哪些好处，具有哪些优点，以此来证明这些好处和优点都是真实可信的，从而让家长感受到价值。

（四）追求喜好认知

不得不承认，有些人的消费观是追求质量而非价格，在购买的时候不是理性地考虑价格，而是拥有对产品或者品牌的认同感。这种认同感是对生活品质的追求，达到这个层次，一般算是中高端收入的家庭。他们追求的是我们教学中的体验与满足，而不是过多地考虑价格。但是你要清楚地知道，这类人群对你的专业要求、工作流程的每一个细节都有着严苛的考量。只要你能满足这类家长的需求，他会果断地向你报名。

在喜好认知的层次上，人们一般都会选择大品牌、大机构，这类品牌和机构都已经在人们心中根深蒂固，家长会自我说服去购买。

二、价值塑造的六步曲

价值塑造是一个系统的工程，在整个系统中，我们把它分为六个步骤，也把它叫做：价值塑造六步曲。

第一步：锁定家长的需求和痛苦（美术取向和教育取向）。

我相信你一定在拍任何照片的时候，第一个找的人就是自己，不是因为你自恋，而是人的天性就是关心自己，这是永恒不变的真理。想要家长感受到你们机构的价值，首先你要关注家长的需求和痛点，分析出家长的需求和痛点，让家长体会到你们是真的懂家长的想法、懂孩子、能与家长产生共鸣。

家长的需求：一、孩子的喜好；二、孩子的教育。

家长的痛点：如何选择好的机构和老师？如何教育好孩子？

第二步：展示家长想要的结果。

如何成功地进行价值塑造，让家长感受到报你的培训机构是一种幸运，让家长自发地成为你们的粉丝，并且不留余力地为你们宣传。

这里强调的是结果，价值就是结果。一切以结果说话，你要用结果来塑造你们的教学和服务价值，学习少儿美术的结果是什么呢？一定是作品。如果一个孩子在你们的机构学了两年，回家还是画不出一个东西，这样的结果，家长一定不满意。

第三步：分析少儿美术培训对孩子成长教育中所起的作用。

在和家长进行沟通的时候，你要把学习美术能给孩子带来的好处加以说明。比如：学习美术可以锻炼孩子的注意力、观察能力、表达能力、创造力等。这就是家长想要的结果，并且把美术和孩子的成长、教育、学习能力之间的关联进行分析，说明学习美术对孩子的益处。

第四步：提供教学成果与奖项。

你必须要让家长信任你，认为你描述的都是真实可信的，因此你需要用第三方来证明你说的都是真实的。比如：你可以提供一些孩子参加比赛获得的奖项以及家长的评价和专家评论，你还可以出版书籍来证明你们的教学成果等，这一切都是用数据证实你所说的。

第五步：为你的机构提供额外的价值。

不知道你是如何理解额外价值，我个人的理解是让我们的机构成为孩子们童年最美好的回忆。所以，在提供额外价值的时候，要融入情感，让孩子和家长感受到我们对少儿美术事业的热爱，并对孩子的成长我们保持着这种大爱、友善、教育的心态。

第六步：证明价值远远超过价格。

前文一直强调，人们是喜欢购买的，但是不喜欢推销。同样，家长不是怕花钱，而是怕这个钱花得不值得。只有价值超过了价格，家长才会毫不犹豫地报名。你需要表明价值与价格之间的关系，显示出价值远远超过价格。比如：

1. 小班教学：每班不超过 12 人；
2. 专职老师：享受事业单位的所有福利待遇；
3. 课程投入：花费大量的时间研发，每年外出学习 2-3 次；
4. 分析价格：一学期 4 个月 1200 元，每个月 300 元，每天 10 元。

在价值塑造过程中，你必须解释价值与价格之间的关系，只有价值远远超过价格，家长才愿意立即做出报名的决定。

三、价值塑造的三大工具

价值塑造必须能够让家长清晰地感知价值，你不能总是说自己的教学好，别人的教学不好；或者说我们的教学是创意美术，别人都是简笔画之类的话。你要给家长看得见、摸得着的价值表述，你要给家长展示的价值必须是具体、清晰的，从而让家长感受的你的教学价值。

价值的塑造有三大工具，分别是细化、对比化、数据化。

工具之一：细化

细化就是把你的工作流程进行分解，让家长完整地知道你为一节课所做的准备。校外少儿美术培训有一个特点，就是家长看到我们的时候，只有短短的一个半小时或者两个小时，所以家长总是觉得我们的工作很简单、很轻松；家长只看到了最后上课的结果，而没有看到准备一节课的过程，所以，我们要把我们平时的工作传递给家长。例如，东东西西的一周工作流程：

周一：休息；

周二：写成长手册，整理上周作品，对画面进行点评分析反思，下午例会；

周三：备课，写教案，整理资料；

周四：整理课件，说课；

周五：上午瑜伽课调整身心，下午整理卫生，晚上上课；

周六：上课；

周日：上课。

细化会让家长明明白白地感受到你的付出与努力，更会让家长看到你的用心和态度。

工具之二：数据化

这个世界上最容易让人理解的语言是阿拉伯数字，数字能直观地度量价值。在塑造价值的过程中，你必须要用阿拉伯数字把你的价值展现给家长，你不能总是说自己用心、认真、负责，这些都是主观意识。你要用客观的数字来表现你的价值，比如"你的机构里的老师都是经过了高中学画3年、大学学画4年、从教5年以上，一共12年、144个月、4380天的累积，才能呈现一个星期一节90分钟的美术课"。只有通过数字化的体现，家长才能直观地感受到少儿美术培训的价值。

工具之三：对比化

在塑造价值的过程中，你可以找到相应的参照物，通过对比的方式，体现出你的价值。家长不会因为你说的价值而做出判断，他们通常会依靠对比去做选择。比如：你很难搞清楚一个冰箱的研发成本、制造成本、渠道成本、营销成本是多少，所以你很难对冰箱的真实价值做一个判断。但是你想买一台冰箱，你是依靠对比来做选择和决定的，比如：品牌和品牌的对比、款式与款式的对比。

在少儿美术培训的品牌宣传和营销推广上，只有对比，才能呈现相对价值的优势，为什么说是相对优势？因为家长能够感知的只有相对的优势，而不是绝对机制。如果没有了对比，就缺少了购买的依据，我们教学的价值也体现不出来。

对比的方法有很多，我们可以从教育意义和孩子的成长方面进行对比，有些是需要人为的制造对比。具体的对比方式如下：

1. 与以前学习过的课程对比

把孩子在家画的作品和在以前学过的机构的作品进行对比，这是一种让家长最容易有认知、有感觉、有反应的方式。如果你们的教学够独特、够创新，就更能凸显你们教学的价值。

2. 与竞争对手直接对比

如果你们的教学确实比竞争对手有优势，你们可以直击竞争对手的软肋，放大自己的优势，让家长充分感受到你们提供的价值比竞争对手更多、更好，从而赢得属于你们自己的口碑。

3. 家长报名与不报名的对比

你可以告诉家长，孩子学习美术可以获得什么，比如：认知、感知、想象、创造与表达；如果不报名孩子将会失去什么，比如：想象力以及对美的感悟等，从而告诉家长，如果不行动，孩子的童年将缺少记录童真的载体。

四、五种增加价值的方法

价值是一个品牌存活的理由，只有对家长和孩子有价值的教学，才能受到市场的认可与追捧。每一位老师都要做创造价值、传递价值的工作。因此，你是否每天都在思考如何提升教学和品牌价值呢？又该从哪些方面提升教学或服务的价值？

当你们能提供更高价值的东西，家长就愿意付出更高的价格，因此你们的机构从此进入利润的黄金区域：高价值 + 高价格。如何进行增加价值呢？我们先来看一个案例：

▶ 案例：

一个水杯的传说

一个水杯能卖多少钱呢？如何让一个水杯卖出更高的价格？你一定要用心看水杯的不同卖法。

第一种卖法：卖产品本身的使用价值，只能卖3元/个。

如果这个水杯放到普通的商店里，用普通的方法，它最多只能卖3元钱。

第二种卖法：卖产品的文化价值，可以卖5元/个。

如果把水杯设计成今年最流行的款式，可以卖到5元钱，因为有文化，消费者冲着文化也愿意多掏钱。

第三种卖法：卖产品的品牌价值，就能卖7元/个。

如果把这个水杯贴上著名品牌的商标，它就能卖7元，因为这个水杯是有品牌的东西，所有人都愿意为品牌买单，这就是品牌价值创新。

第四种卖法：卖产品的组合价值，15元/个。

如果把水杯做成不同造型，组合成一个套装，做成家庭套装，起名我爱我家。一个叫父爱杯，一个叫母爱杯，一个叫童心杯，卖50元一组没问题。因为产品和家庭之间的关系产生了关联。

第五种卖法：卖产品的延伸功能价值，卖80元/个。

如果把这个杯子加上了过滤装置，挖掘出过滤水保健的功能，能卖到80元/个，这就是产品的延伸价值创新。

第六种卖法：卖产品的细分领域，卖188元/对。

如果在这个有过滤装置的水杯上印上"成双成对"或"天长地久"，做成时尚的情侣套装礼盒，专门针对过生日的情侣，这样就解决了情侣为对方买什么礼物的烦恼。这即是产品细分市场的价值创新。

第七种卖法：卖产品的包装价值，卖288元/对。

如果把具有过滤功能的情侣套装做成三种包装：第一种是实惠型，188元/盒；第二种是精美装，238元/盒；第三种是豪华装，买288元/盒，可以肯定的是，卖得最好的不是实惠装，也不是豪华装，而是中间的精美装，这就是产品的包装价值创新。

第八种卖法：卖产品的纪念价值，卖2000元/个。

如果某个大明星用这个水杯喝过水，这样的水杯就具备特殊的意义，对粉丝来说，这样的水杯一定可以卖到更高的价格，这就是产品的纪念价值创新。

水杯还是那个水杯，所不同的就是为杯子注入了什么样的价值，它就能卖出什么样的价格。同样的杯子，采用不同的极致创新策略，就会产生不同的营销结果。如何为你的教学增加价值？你可以从以下五个方面入手：

一是情感增值。rosenoly的玫瑰花，是一个订购玫瑰花的网站。这个网站的特别之处就是，一个人，一生只能订一次玫瑰花，因为rosenoly代表了"坚贞不渝的爱情"的特殊情感，所以12朵玫瑰花可以卖到999元。而哈根达斯冰淇淋也因为那句"爱她，就带她去吃哈根达斯。"这句话，让最便宜的冰淇淋卖到了30多元。

少儿美术培训的情感应该是寄托在孩子身上，在我们长时间的教学过程中，我们是看着一个个孩子，从稚嫩到成熟，从小朋友慢慢变得比我们都高大起来。所以，少儿美术的情感就是让我们的机构成为孩子童年最美好的回忆，回忆起来都是满满的幸福。

二是文化增值。通过课程的创新，我们可以在课程中增加各类文化与美术的融合。比如：艺术史、绘本教学、艺术博物馆、艺术大师、国学水墨等，这些传统文化类的内容与少儿美术进行有机地结合，让家长感受到，美术是博大精深、包罗万象的。这样家长就明白了少儿美术培训不是画一些猫猫狗狗之类的东西。

三是功能增值。当一件产品拥有某项特殊功能时，无形中就提升了价值。就如同前文说的有过滤功能的水杯，我们少儿美术的功能增值又是什么？就是具有教育取向的校外少儿美术培训不是教授单纯的技法，而是提供符合儿童心理、生理成长规律的教学体系。

四是服务增值。假如你们的教学与竞争对手相比没有优势，通过服务增值来为你们的机构加分。你们也可以通过个性化、人性化、贴心化等多种方式来赢得市场，例如：提供免费的家庭教育讲座；免费的亲子课；学校绘画比赛，免费指导。

服务增值是给家长更好的学习体验，不仅在教学上给孩子带来帮助，而且能让老师和孩子更舒服地相处。服务增值还体现在人文关怀上，例如：蹲下来和孩子一起看世界、牵一只蜗牛去散步等，这种人文关怀，可以轻松地获得家长的心。

五是品牌增值。中国是一个制造大国，而不是一个品牌大国。一双国内生产的运动鞋，只要打上耐克的品牌，它的价格就变得完全不一样了，这就是品牌的力量。所以你们要致力于打造你们自己的品牌，不留余力地打造自己的品牌。有一天，你们的品牌会成为你们最好的资产，当你们的机构成为一个品牌的时候，你们就不需要为价值担心了。

第二节
建立信任

家长决定是否报名的时候,最担心就是:是不是能学到东西,或者是孩子来了一次两次以后就不来了怎么办?所以我们要做的就是:快速解除家长的顾虑,快速地与家长建立信任。

信任是报名的基础,也是让你们和家长快速建立关系、促使家长做出报名决定的催化剂。因此,你们工作中的战略重点就是:建立目标家长群体的信任。

与家长建立信任有两个步骤:

第一是寻找家长的信任源,借力家长已经信任的人或物。你们可以展现那些可以让家长信任的证据,也可以通过让家长信任的人为你们做信任担保。家长的信任源有三个:**第三方见证;已经信任的商家或机构的推荐;权威见证**。

第二是让家长和孩子先体验价值,直观地建立信任。你可以邀请孩子先体验你们的教学,感受你们教学的独特之处,感受到你们的价值,从而信任你们。

接下来分享与家长建立信任的五个策略，让你们轻松获得家长的信任，巧妙地突破信任障碍，从而实现报名率的提升。

一、家长见证

第三方见证是被家长认为最值得信任的符号，家长在报名的时候潜意识里有着三个问题：你的机构有多少人？我认识的人有没有在这个机构里学习过？学过的人评价如何？

第一个问题说明了家长怕风险。他们害怕成为第一个吃螃蟹的人，更愿意选择跟从，这是人性心理中的"从众效应"。如果有人报名过，说明这个是可信的，风险系数就会降低。

第二个问题说明家长在乎评估。"我认识的人有没有在这里学的，如果有，我就不孤单了，无论是好还是坏还有一个人同行。"家长在思考这个问题的时候，就是在寻找同类和共鸣。

第三个问题是家长想知道第三方的评价，并通过他人的评价和认可获取报名的信心。大多数家长报名的时候，都会向报过名的人进行相关信息的咨询，以此来判断这家机构是否真实可信，是否值得去报名。

通过对以上三个问题的分析，说明适合的家长见证是可以帮助你们快速地与家长建立信任。

我们来看看香飘飘奶茶的广告语：香飘飘奶茶，杯子连起来可以绕地球两圈。香飘飘不用说自己的产品的品质有多好，绕地球两圈的杯子就会告诉你香飘飘的品质与受欢迎的程度。

这则广告用销量来代替广告语,并让你的大脑自然地得出结论,香飘飘的产品很畅销,用这种见证的方式快速建立信任。如果你们能在宣传和推广中,加入家长见证,你们就会快速地获得家长的信任,从而轻松获得生源。

▶ 案例:

假如你的学校做了很多年,你可以打出:10年教学,累积教学1万人/次的学生。1万人/次是一个概念,比如:一个学生一年60节课,10年就是600人/次。如果你有200个学生,你就有12000人/次的学生。

▶ 案例:

把你与家长之间的对话,以及家长对你的赞美,用文字截图、语音、影像的方式做一个记录,让新的家长一进来就可以看到这些好评,让他们有一个先入为主的印象。

家长见证是建立信任的强力武器,收集足够多的家长见证,并且把这些见证融入每一次的营销宣传与推广中。

二、信任嫁接

信任除了通过家长见证外，还可以通过关联的商家和机构向他们的老学员进行推荐。因为是老学员，对机构已建立了深厚的信任基础，你就可以充分地利用这些信任基础，向老学员进行推荐，从而轻松实现信任嫁接。通过借力关联的商家和机构，你们不仅轻松获得大量的生源，更重要的是这群生源和你建立了信任基础。

除了关联商家和机构外，还可以寻找家长的其他信任源，从而实现信任嫁接。比如：通过学校的班主任、居委会、教育局、妇联等，与他们一起合作推出相关活动，让有影响力的人为你们号召，从而让家长和你们之间建立连接。

三、价值体验

怎样才能让家长和孩子体验到我们的教学方式是最有效、最快捷的呢？如果能让孩子和家长切身地感受到价值，家长对你们的信任也就是自然而然的事情了。体验之后，家长就对你们的教学有了一个清晰的认识，这样家长就可以做出报名的决定。勇敢地让家长体验价值，你就会收获一群忠实的粉丝。

提供价值的方式有很多种。比如：免费为家长解答一些问题、提供赠品、免费指导等。当你们能为家长贡献价值的时候，家长体会到了你们的特别之处，就愿意信任你们。

四、权威辅证

让家长信任的方法除了家长见证,还有权威辅证。在你们的宣传中,多引用名人、专家的语录、言论、意见来证明少儿美术培训的价值。通过权威辅证,可以有效提升你们机构的形象。

▶ **案例:**

马云说过,孩子的艺术教育是非常关键。孙俪在家里看到自己孩子画墙的时候想制止,而邓超说,你现在失去的是一面干净的墙,如果你制止了,孩子就失去了艺术探索的机会。

我们把媒体、节目、明星、专家言论称之为影响力中心,通过这些影响力中心,影响和感染家长,从而实现报名人数的增加和家长信任的提升。

五、承认事实

有的时候不能把自己说得过于完美,说自己不会犯任何错误。有一句话是这么说的:信任的一半是基于诚实,另一半基于能力。有时候承认自己的不足,反而更能让家长觉得你们真实、真诚。

第三节
十个让家长报名的秘诀

报名是整个学校运营中最关键的一个环节,而我们最为看重的也是这点。但是任何的招生、报名都是建立在系统、思维、流程的基础上,不是用蛮力,而是用巧力。而且你们要有与家长长久地、持续地交流的准备。你们不能把与家长之间合作当做"一锤子买卖",而是要润物细无声地影响家长,让家长觉得不来你们这里报名是一种损失,也是一种遗憾。这才是你们要努力的方向。

在正式分享这十个让家长报名的秘诀前,我先与大家分享一个故事,看完这个故事,你就会明白家长到底需要什么。

三位卖狗人的故事

有一位父亲想给女儿买一条狗。在这个城市里有三位卖狗人,第一位说:"你看这只狗很好,好像你的女儿也挺喜欢,一千块钱,你好好看看,如果你喜欢,付一千块钱就成交。至于狗,你也见过了,你女儿现在挺喜欢的,至于以后说怎么样,跟我完全没关系。"

第二位说:"你看这只狗非常好,英国的纯种狗,这种颜色的结合非常好,好像你女儿也挺喜欢的,一千块钱,也适合。但是呢,我不确定你女儿是不是明天还喜欢这只狗,所以你先付一千块钱,一周以后,如果你女儿不喜欢了,只要你把狗抱回来,一千块钱我就退给你。"这是第二个卖狗人。

第三位呢,先是给这只狗塑造价值,也就是说——这只狗怎么样值钱。他说:"你女儿看起来挺喜欢的,但是我不知道你是否养过狗?是不是会养狗?你女儿是不是喜欢养狗?但她肯定是喜欢这只狗的,所以呢,我会跟你一起回家,然后在你家里找一块最好的地方,搭建一个狗窝。我会放足够的食品给它吃,你可以喂一个星期,然后我还会教你怎么喂这只狗,一个星期后我再来。"

"如果你女儿仍然喜欢这只狗,这只狗也喜欢你女儿,那时候我再收一千块钱。如果你说不喜欢,或者你女儿与这只狗没缘分,我就把狗抱走,并且帮你把家打扫干净,顺便把味道全部清理掉。"

你觉得这位父亲会跟哪一位卖狗人买呢?

第三个。因为第三个卖狗人的做法让人无法拒绝,根本无懈可击。他的做法让对方觉得若不跟他购买,将会是自己的巨大损失。所以你们和家长的关系,每一次的接触,都需要渗透到家长的心里,当你们能真实地解决家长的问题,或者家长觉得你们很专业,家长做出报名的决定就会简单很多。

一、教学

让家长报名的第一个秘诀就是你们的教学,因为这就是你们的产品。如果你是一个卖电视的,结果电视根本不出图像,你是没有办法把这份事业做好的。而想把少儿美术培训这份事业做好,你必须钻研教学,懂教育、懂心理、懂生理、懂美术,总之相关知识你们都要懂一些。因为在教学的时候,你们每节课都是因人而异、因地制宜地去指导学生,这就对你们的综合素质提出了要求,而不是你会画画就可以把教学做好。

但是你的教学不能放在那里,自己觉得很好。其实有时候所谓好的教学仅仅是你觉得好,而家长并不觉得。所以你就要对你的教学进行价值塑造,你需要告诉家长少儿美术到底能给他的孩子带来什么?当家长能体会到少儿美术价值的时候,你们的价值自然就会提升。如果家长只是觉得少儿美术就是小孩子涂涂画画,随便弄一下的,你也不要期望他有多认可你。

所以说,你不但是孩子的老师,更要是家长的老师。你要教会家长如何解读少儿美术所要表达的意义,通过少儿美术孩子可以获得什么?这才是家长最关心的问题。你要通过"结果"来塑造教学的价值,只有孩子能获得具体的结果,家长才有可能理解你的价值。

语言是传递价值的重要手段,你必须学会怎么使用语言。

我们必须把一些专业的术语,变成家长能接受、能感知的语言传递给家长。你要思考怎样表达才能更准确,怎样表达才能把你所知道的少儿美术这个色彩斑斓、丰富宏伟的学科,深深地印刻在家长的大脑里。

作为一位少儿美术老师,你是专业的,而家长呢?他对少儿美术的认知是极其有限的。你要通过你的语言,转化成家长能听得懂的方式,把少儿美术对孩子成长的种种好处，传递给家长。

如果你做不到这些，证明你对教学的理解还不够深入，你需要系统地认识少儿美术，只有理解够深入，才能更浅显地表达少儿美术的意义。

二、独特卖点

独特卖点是什么？就是你在教学中最独特的东西，是别人没有的。

比如：你的国画特别好，你就可以把国画当作你们机构的独特卖点。如果你的版画好，你就把版画当作你们独特的卖点。和竞争对手相比，你必须有一个让人记忆深刻的卖点，这样就更容易传播信息，也更容易让别人记住你。

就算是其他画种你也很擅长，教得也很好，作品非常棒，但是请你一定要突出一个卖点，为什么？如果你说你什么都好，给人的感觉就是哪一点都不突出。

打造独特卖点的时候，你需要做到三点：**教学上必须有与众不同的东西；必须要让家长感到你的与众不同；必须用通俗易懂的语言让家长明白你的优势和不同。**

这里再次强调语言的重要性，家长是通过你的语言才能感受到少儿美术的意义，所以"独特、感知、表达"，缺一不可。

在提炼独特卖点上，包含以下几个步骤：

1. 站在家长角度分析。

在打造独特卖点的过程中，需要思维转换，站在家长的角度去考虑问题，也要从自己的教学特点上出发，选择一种让家长轻松接受的方式。因为有的时候我们认为的卖点，未必符合家长的需求。所以我们必须用家长的需求来解决价值点。

2. 从竞争者的劣势出发，选择独特的卖点为出发点。

分析竞争对手的卖点，分析竞争对手的劣势，寻找未被满足的机会点。家长对竞争对手的不满之处，就是我们的机会，寻找出可以与竞争对手抗衡的卖点。

3. 分析市场，寻找空白市场或开辟新的价值。

最好的卖点就是别人没有的。如果能发现市场的空白，你就是第一人。不过你要对行业保持高度敏感，对任何新项目你都能迅速了解，比如：在你们的画室有版画教室、绘本教室、陶艺教室等。

4. 分析自身的特长，提炼独特卖点。

分析自身的资源和特长，打造出自己的独特卖点，比如：东东西西对外的宣传是"学画画，就到东东西西"，"让东东西西成为孩子童年最美好的回忆"。这条广告语就是以问答的形式，让听到的人在脑海中有一个认知，就是"学画画，就到东东西西"。用简单的语言，形象地表达出来。

5. 独特卖点需要不停地重复，重复再重复。

当你的独特卖点出来以后，你所有的资源都要围绕着独特卖点来宣传，比如：你的宣传单、你的微信、你的门头广告等。因为现在是一个信息爆炸的时代，如果你不坚持推广，只会浪费你的时间。一定要坚持再坚持，重复再重复。

三、零风险承诺

零风险承诺是一门非常强大的销售技巧，同时它也代表了一种理念、一种态度。因为零风险承诺，你必须对自己够自信，对教学有足够的信心，这样你才可能放心对你的家长说：如果我教不好你的孩子，我愿意承担全部的责任。现在你的孩子在我们机构学习美术，是你愿意给我一次机会，并不代表你足够了解我。如果你发现我们在教学中，有任何敷衍、草率、不负责任的行为，你都有权利要回你付给我们的每一分钱。

这就是零风险承诺的威力。如果你与家长沟通的时候，用这样的姿态去面对家长对你的疑虑，我相信大部分人都会被你的言语所打动。至少，家长会觉得你是一个值得相信的人。

而你在运用零风险承诺的时候，不能有任何的放松，你必须不断地完善自己的工作，不断地进行创新，来满足家长的需求。当家长的需求满足了以后，我相信他会对你有更高的期待。为了满足这种期待，你又要更努力地把工作做得更好、更加完善。

我相信这样下去，你的成长速度会变得非常快，你会在你的竞争对手中鹤立鸡群。因为你不是与竞争对手在竞争，而是跟昨天的自己做竞争，为孩子的成长负责、为家长负责、为老师负责。每一天都以进步一点点为目标，自我提高，并用零风险承诺把这一切都串联起来，就会让你变得无坚不摧。

但是，零风险承诺是有使用技巧的，并不是任何人来了都对他使用零风险承诺，并且它不代表家长报名后的任何风险都要由你来承担，你要承担的比你的竞争对手要多，而家长所承担的风险几乎为零。

比如：如果我们设计的零风险承诺，不满意全额退费，万一真的有家长最后一节课来对你说不满意，是否真要把所有的钱退给家长呢？

在真正给出零风险承诺之前，你需要设计和考虑你的零风险承诺。你要用一种方式筛选出真正想学画画的学生和家长。而不是无论任何一个人都可以来你的机构里学了一段时间后，因为你的零风险承诺，随意地退费，这是你承担不了的风险。所以这里给你几个零风险承诺的建议，供你参考一下。

1. 零风险承诺

也就是家长在你这里报名是完完全全没有任何风险的，只要不喜欢就可以全额退费。而在家长要退费的过程中，必须快速响应，甚至不要求家长解释为什么退款。你要让家长的退款简单、快速、愉悦。你可以告诉你的家长，如果"你有任何不满意，100%退费"，"你不需要任何的解释，我们依然是好朋友"。这些零风险承诺的广告语必须要在最显眼的地方写出来，让家长决定报名的时候完全没有任何的疑虑。

2. 部分零风险承诺

前文说了，不要去承担一个你不能承担的诺言，但你可以实行部分零风险承诺。比如：在一个月之内，如果你有任何的不满意，你可以全额退费。其实这就与你做一个月的免费没有任何区别，但是因为你的零风险承诺，把你塑造成一个工作认真、对教学负责的人。这就是零风险承诺的最大好处。

3. 超级零风险承诺

比零风险承诺更具备杀伤力的是超级零风险承诺，你可以承担家长所有的风险，同时还为家长的信任、浪费的时间以及精力负责。比如：退费的时候额外送一个礼物，这个礼物可以是实体的，也可以是我们的特色课、代金券之类。

超级零风险承诺是给家长的一种奖励，是奖励家长愿意选择你、信任你。所以你的态度不仅仅是愿意退款，还愿意赔偿家长浪费的时间和精力。这个时候家长去你的机构报名是没有任何损失的，甚至还可以获得一些东西。

零风险承诺不但可以提高你的报名率，也可以提升你的竞争力。因为你的竞争对手不一定愿意做零风险承诺，当别人不敢做的时候，你的机会就来了，因为家长觉得你更加值得信任和可靠。

如果你担心零风险承诺会不会让很多家长要求退款，其实从真实的情况来看，大多数家长是不会要求退费的。即使不满意的家长也只有一小部分才会退费。而退费的同时，你应该仔细分析原因，是自己哪里做的不好还是有什么原因？如果你不敢做零风险承诺，只能证明，无论是在教学、沟通还是管理上，你的一切不够过硬。

当然，你必须给家长相应的约束条件。比如：可以退费，但是要求不能缺课，必须全勤，并且按时完成老师的要求才可以，否则无法享受零风险承诺。如果一个家长享受零风险承诺，但是一个月只来一次，也要求退费，这样对家长对你都不好。

四、赠品

在报名的时候，能促使家长加快速度、下定决心的重要推动力就是赠品。因为家长渴望获得更多的价值，赠品就是为了符合家长的心理预期所设计的营销策略。

赠品的发放一定要符合校外少儿美术培训的特点，你不能送一双拖鞋给你的家长，这是没用的。你们的赠品要有相关性。要知道，家长是对你们的课程感兴趣，你们要在这个基础上去设计你的赠品。

（一）赠品设计的六大原则：

1. 吸引力原则。

赠品必须具有吸引力，是家长所需要的。你的赠品对家长没有任何吸引力，不是家长想要的，这种赠品没有任何一点用处。比如：你可以送书包、画笔、画板等。

2. 关联性原则。

赠品必须与我们少儿美术或者孩子相关，能让孩子更好地学习少儿美术。比如：日记画本之类的，或者跟生活和学习相关的，比如书包、画具等。

3. 价值原则。

既使是赠品，你也要塑造价值，没有经过塑造价值的东西，即便是免费的，别人也不想要。塑造价值的时候，你要聚焦在家长想要的结果上。比如：赠品的价格、价值、给孩子带来的好处和帮助等。要给家长一个衡量赠品价值的尺度。比如：亲子黏土课 100 元一节，现在作为赠品送给家长。

4. 品质原则。

赠品的质量一定要好，也许有的老师会找一些特价处理的商品和文具当赠品，你千万不要这样做，要送就送最好的东西，因为赠品也代表你的机构、你的形象、你的质感，赠品也是你机构报名中不可分割的一部分，所以赠品的设计很重要。

5. 成本控制原则。

赠品最好是高价值、低价格的东西，而且不要只送一个赠品。可以送两三个赠品,这样赠品的作用更大,为什么？因为也许这个赠品有的人喜欢，另一部分人不喜欢，所以当你有两三个赠品的时候，你可以从不同的角度给家长提供价值。而你的两三个赠品最好是有所差别，是不同形态、不同角度的。赠品也不一定都是你自己提供，你可以通过整合相关的商家和机构一起提供赠品，比如：教育大礼包，包含美术、音乐、舞蹈、文化课之类。

6. 传播性原则。

赠品要易于传播，如果是对家长有价值的东西，家长可能就会转给朋友，这样你就可以把你的画室轻松地传播出去。

赠品也可以承担起宣传与强化品牌的作用，比如：孩子用你们机构的水杯，当孩子喝水的时候，无形中就强化了大脑中的认知。同时水杯上的logo还能被别人看到，这个水杯就起到了传播的作用。

使用赠品威力最大的方法是与零风险承诺相结合，比如：在这里学画画，如果有任何的不满意，不但可以退费，还可以保留我们所送的赠品。这样家长在报名的时候会感觉完全没有任何风险，而且还有很多赠品，觉得在你这里报名学画画很值得。

（二）赠品的使用方法：

1. 报名前的赠品：吸引家长。

在报名的前期，我们需要一些赠品和优惠来吸引家长，我们把这些赠品称之为报名前的赠品。报名前的赠品的重要作用就是吸引潜在生源，通过赠品和潜在生源建立联系。可是大部分人往往知道送赠品，却不知道报名前的赠品背后蕴含的极大价值。

赠品，就是带钩的鱼饵，其本质是钓到鱼。 如果你与一些潜在生源有联系，仅仅只是他们拿了你的赠品，而家长根本就不会记住你。如果你能送出赠品的同时，也让家长体验到你的教学和服务，顺便促使他报名，这才是报名前赠品的最大作用。

再次提醒，在送出赠品的同时，一定要争取让家长报名。

2. 报名中的赠品：促进报名。

在一位家长准备报名的时候，我们会送一些赠品，这相当于给家长一些优惠，从而促进家长做出报名的决定。常见的报名中的赠品有：画具、材料、书包、报两期送一期等。这些赠品的主要作用就是利用家长想获得更多东西的心理，让家长报名，或者让家长立即做出报名的决定。

3. 报名后的赠品：提升续班率和转介绍。

什么是报名后赠品呢？很多人忽略了什么是报名后的赠品。既然报名都结束了，为什么还要送赠品呢？试想一下，当一位家长报完名，准备走的时候，这个时候你再送给他一个赠品，他会对你有什么感觉呢？一定会给他意料之外的惊喜以及良好的印象和愉悦的感受。

而这背后最大的好处是能激发家长对你的信任，并成为家长与家长之间的谈资，在平时的生活和聊天中对你的机构进行传播，这就是报名后赠品的最大威力。

4. 赠品的威力：增加赠品的价值。

第一，限时限量。限时限量是告诉家长赠品是有限的，先到先得，或者在某一时间段内获得。你必须让家长感到，这是一次不可多得的机会，稍纵即逝。如果错过了，就真的错过了。比如：某培训机构送的赠品，一定是限时限量的，超过时间，超过数量是一定没有办法补送的。

通过限时限量的方法，家长会觉得赠品很有价值，也会更加珍惜得到赠品的机会，限时也是解决家长拖延的最好方法，家长会为了获得赠品立即采取行动。

第二，赠品展示：赠品展示是指你把赠品用最直观的方式展示出来，比如交一年费用送行李箱，把 30 个行李箱统一放在画室的大厅上，这样就形成视觉冲击力，让人看了就想要。

五、价格

对选择学校的家长来讲，价格是最重要的，也是最不重要的一个环节。重要的是指家长关注的第一个问题，一定是学费是多少？不重要指的是当一位家长从心里认可你之后，价格就不是决定继续报名最重要的原因。

相信家长报名的时候，第一个问题就是学费多少，但是在家长没有认识少儿美术培训的价值之前，你是不应该谈价格的。为什么呢？我们卖的是少儿美术的价值。价格只是传递价值的标尺，而不是一上来就谈价格，因为这样会让家长产生对比，觉得你这里贵，别人那里便宜，有的家长有可能就是因为价格而不来你的机构学习。因为你没有说明孩子在你的机构里到底能学到什么。

好的咨询是预先把家长脑海中的疑问一一解答，把家长对学习少儿美术的所有困惑在家长还没有问之前，就解答出来。当家长没有疑问的时候，才可以把价格呈现出来，并且结合零风险承诺、结合赠品推出。

在教育孩子之前，我们要先教育家长，让家长了解少儿美术的价值以及能给孩子带来的帮助。你的价格高需要解释，你的价格低也需要解释。不要认为价格低，别人就没有疑问，这同样需要解释。

六、支付方式

支付方式也是影响家长报名的重要因素。如果是一位新生，让他马上一次性支付年费是很困难的事情，因为家长对你们不了解，上来就让家长花几千块钱，是会减少家长报名机会的。因为家长还达不到非常信任你们的程度，所以先让他多多了解你们，甚至多上几节的试听课，只要你们对家长的承诺在接下来的教学中一一兑现，你就会取得家长的信任。

你需要把对家长的要求台阶化，并一步一步地进行。当家长对你们的信任度很好的时候，你才可以多要求一些。当家长对你们的信任度很低的时候，你必须要分解家长的行动。接下来分享几个关于支付的方法：

1. 一次性支付：1节课是60元x56节课（全年）=3300元+300元材料费=3600元，一次性支付只需要3000元立减300元再免300元材料费；并且送价值128元的拉杆书包1个（只有30个），价值300元亲子课3次；价值240元超轻黏土课3次。

2. 零风险承诺：三个月之内不需要任何理由，只要提出退费，立刻无条件退费。并且可以保留我们送你的赠品。

3. 分期支付：半年1800元，余款半年后支付，无赠品。

4. 暑假短期班：暑假结束后，如果你想报全年，只要补齐余额即可自动升级为年费学员。但是不享受赠品的优惠。

以上所有的方式都可以用信用卡支付。

七、沟通的话术

无论如何，报名还是在你与家长的沟通中完成，所以一对一的沟通就变得很重要。而沟通中，最关键的是提问的技巧，这样才会占据沟通中的主导权。

（一）提问的技巧

1. 孩子的年龄

老师：你好，来给孩子看学习画画的情况，是吗？请问你的孩子多大了？

家长：7岁，小学二年级了。

老师：很好，7-9岁是孩子的最佳观察期，这个年龄段一定要教会孩子怎么去观察。要培养孩子观察和理解事物的能力，这个年龄段我们主要安排的课程是写生＋版画／水墨等。

问年龄是告诉家长，我们的课程是按照孩子的年龄特征安排的，潜意识告诉家长，我们是专业的。

2. 学过画画吗？

家长：没学过。

老师：太好了，因为我们的教学模式是不画简笔画、老师不做范画，只做局部的示范，所以很多其他机构学过的孩子来到我们这里反而不适应，而完全没学过的孩子像一张白纸，更容易教。如果回答以前学过，你可以接着发问。

3. 以前画室的教学模式

家长：××教学方式。

老师：我们这里教学方法是完全不一样的，我们的教学是严格按照年龄来划分的，符合孩子生理和心理的发育。我们幼儿阶段是一个体系，小学阶段是一个体系，都是按照国家课程的标准来制定的相应内容。美术作为一门学科，在学校开设这门课，有它的必要性……所以我们从美术的学科语言入手，更深入地开发课程。

另外一方面就是我们的老师都在有趣的方面下功夫，要好玩、有趣、有料。好玩就是课堂上一定要活泼，有趣就是上课要生动，有料就是一定要按照课程的教学目标，循序渐进地设置课程体系。

说得再详细一些，就是我们要诱导孩子作画，让孩子在不知不觉中学到东西。

4. 从哪里知道我们机构的？

家长：比如说朋友介绍，比如在哪里看到的广告……

问生源的渠道可以更好的优化我们的招生渠道。比如：老生口碑介绍、发放试听卷。哪个有效果，我们就要加大力度去执行。

5. 你对我们机构了解吗？

老师：如果不了解，为您简单介绍一下我们的教学理念和教学方法吧。我们的教学是不给孩子范画的，因为有了范画就有了一个标准答案。如果画画和范画不是一模一样的，学生和家长看画都别扭。而且我们老师也不帮孩子画，因为老师动了一笔后，孩子会产生依赖心理，让老师帮忙画。我们的老师动笔就是一些局部的示范和一些涂色线条之类的调整，绝不干涉孩子画画。

我们希望让孩子独立地完成一幅作品，从而锻炼孩子的自主性和独立性。至于一开始画的像不像，这不是孩子的问题，是大人的问题，只要孩子把他观察到的、感悟到的表现出来就是好的。

6. 你认为孩子学习美术最重要的是什么？

其实校外美术教育也是教育。我们始终把教育放在第一位，从孩子的性格、人格、行为、习惯以及审美意识和审美情趣上培养。我们始终认为：美术，美在前，术在后。我们培养孩子发现美、感悟美，让他感觉生活的美好，远远比单纯地看孩子画的技法重要得多，您认为呢？

如果您现在已经基本了解了，我们可以为你安排试听课，试听课的时间是 × 月 × 日。

试听结束后，询问家长是否满意你们的教学和服务。如果家长满意可以安排前台报名，通过扫描二维码，把画室放到朋友圈，就会得到一个精美的礼品。

（二）解除抗拒点的话术

如果报名，皆大欢喜。但是如果不报名呢？下面就开始解决这几个问题。

1. 我要考虑考虑

太好了，既然是考虑，就是您对我们画室很感兴趣是不是？也说明您很认真地考虑报名是吗？

孩子的喜好和教育是不能草率决定的，一定要慎重地选择。

那么您最大的顾虑是什么呢？

2. 价格太贵了

一是价值法：价值大于价格。

价值 = 长期的收获，价格 = 暂时投入的资金。

孩子的教育不能随便，我们不是简单地教孩子画画，而是从小培养孩子的审美意识和审美情趣，让孩子在成长中具备感受世界上美好事物的能力。从而锻炼孩子的想象力、观察力、创造与表达能力，这对孩子工作和生活都有巨大的意义。所以，这不是几百块学费的问题了，而是在投资孩子的未来。

二是代价法：代价大于价格。

如果您的孩子不选择学习美术还好，如果选择了不专业的培训机构，不专业的老师用错误的方法教孩子，对孩子的想象力、自主性、自信心都有很大的影响。而且不专业的老师，能把很有绘画兴趣的孩子，教得没兴趣，甚至出现厌学的情况，这都是缺乏专业的课程体系的缘故。

本来是有绘画兴趣的孩子，因为选择了不专业的机构和老师，反而阻碍了孩子的发展，您说是不是？

三是分解法。

再说了，我们的价格高，到底能高到哪里去呢？

您说一年有多少个月？一个月有多少天？这样算的话，您每天花费是多少钱？其实每天花费还不到一块钱，怎么能说贵呢？

3. 其他培训机构的价格更便宜

您讲的没错，或许别的画室的价格更便宜，我们每个人都希望花最少的钱获得最好的效果，我完全理解，今天换成我是您，我也一定这样想。

任何人购买东西的时候都有三个重要的评判标准：**最好的产品、最佳**

的服务、最低的价格。

但是，我发现没有任何一个公司可以同时满足这三个条件，如果让您选择一家画室，您是选择最好的教学、最佳的服务、还是最低的价格呢？

如果您现在就报名，我还可以向领导申请，额外给您的孩子送一套精美的礼品，您看是刷卡还是付现金？

关于沟通的话术是千变万化的，但其核心重点是：你的知识储备一定要够多！

知识储备包括少儿美术的课程体系、少儿美术培训对儿童成长的好处等，只有具备足够多的专业知识，才能从容不迫地面对家长向你提的各种问题。如果能在一对一的沟通中，把家长对少儿美术培训的认识有一个新的提升，这就证明你的沟通不仅仅是让家长报名，更让他们深深地认同了你的教育理念。

八、稀缺性

我们报名的名额一定要有稀缺性，就算是没有，你也需要设法找到稀缺性，这是促成报名的重要因素。比如，班级的时间有限制、班级的人数有限制。如果报满你就需要另外调整时间了，又或者是赠品的数量有限，当赠品送完以后，就没有赠品了。**稀缺性是给家长一个数量有限的感觉，如果没有稀缺性，家长就会拖延、犹豫，甚至放弃。**

九、紧迫感

紧迫感是什么？就是时间有限。比如：我们报名时间截至15号之前，15号之后报名将没有任何优惠，也没有任何的赠品，这就是紧迫感。而稀缺性和紧迫感具备相关性，他们的作用是相互加强的。

比如：我们的赠品只剩下了十套，而新生报名大概有二十几人，只要提前报名才能获得这些赠品。如果晚报名，不但不能选时间、位置，连赠品都没有了。这就是制造稀缺性和紧迫感的目的。

人的本性就是喜欢拖延，所以你必须给家长一个不拖延的理由，而这个理由是你实实在在做出来的，而不是编出来的。

十、解释原因

你的所有决定——为什么稀缺？为什么紧迫？为什么送赠品？为什么价格高？为什么你的价格低？为什么你会有零风险承诺？所有的这一切，你都需要给家长一个原因，为什么呢？

（一）家长需要理解你们为什么要这样做，这样他们才会更容易相信。

（二）你希望你们的营销是透明的，你需要给家长解释"为什么"，而且可以有自私的原因。

接下来用一份家长通知来演绎这十个秘诀。

陈老师致你的一封信

你好：

　　我是某少儿美术中心的陈老师！

　　非常感谢你对我们的支持与信任，让你的孩子与我们有了一次亲密接触的机会。我们十分珍惜这样的机会，不管你相不相信，我们一直怀有一种敬畏之心面对每一个孩子。在教学过程中我们一直战战兢兢、如履薄冰，因为我们清楚地知道，正确的少儿美术教育，不仅能开发孩子的心智，更能培养孩子的注意力、认知、感知、观察、表现与创造等多方面能力。

　　所以我们反对传统简笔画的教学模式，反对只教授技法、不顾孩子的心理感受的教学模式。对于我们来说，每一个孩子都是一个独立的个体，需要因材施教，需要根据孩子的性格进行针对性的辅导，我们不敢扼杀孩子最纯真和宝贵的童趣，不敢限制孩子丰富的想象力。我们只起到一个领路人的作用，带孩子步入艺术的海洋，并在快乐中肆意翱翔！

　　但是，也有一个不争的事实……

　　因为我们的一切是从孩子出发，从兴趣点着手，从孩子的生活感知方面来引导孩子画画。老师不做示范，也不给孩子修改（不用铅笔，锻炼孩子下笔果断、培养绘画过程中的自信）。特别是在低幼的阶段，不做具体的技法传授，所有技法全部融入平时的每一节课堂之中。

　　所以，在部分最终的成品上，短时间内看不出孩子明显的进步，就有部分的家长觉得在我们机构只是在玩，没有学到正规专业的美术知识。

　　其实我要郑重声明，你所看到的少儿美术培训只是冰山一角，可以说，少儿美术培训是一个庞大而又复杂的工程，它与传统的基础绘画是两个截然不同的体系。它首先要懂美术（素描、速写、写生、水粉、水彩、油画、国画、版画等）、懂教育（各年龄段儿童的心理和生理发育）、懂方法（跟孩子讲理论是行不通的）。所以，少儿美术培训必须要按照儿童的年龄、生理和心理的发育来设置课程。

因为绘画是孩子的第二语言，是孩子除了说话外的另一种表达形式。

所以在课程的设置上，我们放弃扼杀孩子想象力的简笔画教学，通过画、撕、贴、揉、卷等三十多种锻炼肌肉能力的方式，使孩子手脑协调能力得到提高。并且经过老师的引导，让孩子画出自己对生活的感受、感知、想象、情感。而不是纠结在线条画得直不直、像不像、颜色涂得均匀不均匀这种表面现象中。

但是要达到这些成果，是需要一定的时间累积，并不是一个学期十八节课就能达到这些成果的。

任何事物都是需要量的积累才有质的变化，学习美术也是如此。

事实证明，在我们机构学习美术一年以上的孩子，确确实实在各方面能力（比如线条、造型、色彩、动手能力等）都有了大幅度的提升，而那些可学可不学、断断续续学习的孩子，美术能力和这些孩子有着很大的差距。这也印证和坚定了我们的观点，就是美术一定需要长时间的学习和练习。

所以，我们做了一个痛苦的决定：从暑假开始，我们只收年费的学员！

做出这个决定意味着也许你可能就不选择我们的机构继续学习，对我们可能产生了巨大的经济损失，但是为了你孩子长远的发展和个人素质的提高，我们宁可承担这份损失。因为短短的一个学期十八节课，如果没有让孩子的美术能力以及个人素质提高，这对你们不仅是简单的浪费金钱和浪费时间，更是不利于孩子学习兴趣和品质的培养。

我们的观点是无论学习任何东西，都需要从教育的本质出发，从育人的角度出发，通过学习培养孩子的自信，锻炼孩子的意志和品质。让孩子无论做任何事都有坚持不懈的毅力，并具备有始有终的责任感。通过观察、理解、表达等这些能力的提升，让孩子不但拥有一双发现美的眼睛，更有感悟世界上一切美好事物的心灵。

这就是我们教育孩子的初衷，通过美术带给孩子更有价值的东西，关乎孩子自身的成长，而不是简简单单地传授一些简单的技能技法。

希望你能理解我们的教学观点，如果不能，还请见谅……

特别提醒1：如果你决定不想继续学习，我们也欢迎你经常来我们机构，因为我们永远是朋友！

特别提醒2：如果你决定继续学习，请在6月15日之前缴费，我将送你一份超值赠品：一个价值128元的拉杆书包！

（我们只准备了30个，如果你速度慢了一点，我只能说对不起了）

特别提醒3：关于年费学员更多的优惠和支付方式，请咨询前台老师！

最后，为了打消你的疑虑和困惑，我们将郑重承诺：

只要你提出退学，我们将全额退还你的学费。

并且你还可以保留我们送你的价值128元的超值赠品（拉杆书包）！

第四节
报名流程的设计与优化

大多数人认为的所谓招生,就是广告宣传、电话邀约。而我所讲的招生,是建立在系统和流程的基础之上,这是什么意思呢?我们要实现任何一个目标的时候,都是不能一步到位的,必须经过几个过程或者几个步骤。报名流程就是过程和步骤,并且需要经过精心的设计和规划。

一、设计目标

关于设计目标,我们可以分为抓潜目标、试听课目标、续班目标。而在实现每个目标之前,你必须经过精心的设计与应变,而且一定要注意"台阶化",就是实施目标的时候,要把步骤一步一步地进行分解。

你要思考,没有报名的家长和孩子,对你们是陌生的、对你们的教学是陌生的、对你们的环境是陌生的,所以不要希望孩子马上报名,这几乎是不可能的。在正式的报名之前，必须设计一个让家长与你们有一次亲密接触的机会，也许是试听课，也许是亲子课。

尤其对中小机构来说，当你们的知名度、品牌，没有那么大的影响力时，别人对你们的信任是有限的。家长和孩子需要感受到你们的价值，你们也必须让家长和孩子采取行动。

无论是宣传单还是微信、网站，同时必须有具体的行动。比如：拨打电话预约试听课，或者加微信获得价值150元亲子课一节，这样家长看完后才会行动。要不然看完你们的信息，就仅仅是看完了而已，不会有任何的行动。当行动具体化后，你们的成功率也就会增加。

而在抓潜、鱼塘借力的时候，如果想要获得别人的帮助，你就需要把所有的事情都做好，让他们方便采取行动。这样你们的合作就会变得非常容易了，你们的成功率就会增加。你可以说："请立即拨打电话给某培训机构的前台，获得这次难得的价值150元的亲子课，"这样产生的效果就会一样。

所以行动必须要很具体，无论家长在任何一个地方，只要有和你接触的机会，你必须给出一个具体的动作。比如：微信上写联系方式：也许不会有任何感觉，但是写上"请拨打电话，获得亲子课"就不一样了。如果在微信上的宣传更加的简便与具体："长按图片识别二维码，加某老师微信，就获得价值150元亲子课。"如果加了你的微信，你就可以用微信去影响家长，也可以用微信沟通和邀约。

所以，在行动这方面，一定要具体化。如果花很长时间去做广告和宣传，但是在最后的"行动"上没有处理好，那你就会失去了很多的机会。

二、设计变数

什么是设计变数？就是招生过程中没有按照预想的方向推进以及出现变化时解决的方法。

很多老师说自己做了很多的广告和宣传，但都没有效果。事实上并不是活动没有效果，而是在过程中出现变数时，没有及时地进行调整。因为在你抓潜的时候可能会出现变数、在试听课环节出现变数、续班的时候同样会出现变数，所以就要及时地观察招生活动中的每一个细节，以便及时地去解决。

三、抓潜的变数

一般来说，抓潜之前必须做广告宣传或相关的活动，而广告宣传并不能直接带来生源，也不能直接抓潜。广告宣传的真实作用是在家长和孩子的脑海中留下机构的印象，这种印象是：当家长想给孩子报名学画画的时候，第一个选择的就是你。广告宣传的作用仅仅如此。

而抓潜的时候，如何选择鱼塘、如何与鱼塘合作、用什么方式吸引塘主。抓潜的时候用什么方式获得家长的联系方式、如何邀约、邀约的电话话术。这些都是有各种各样变化的，面对未知的可能，必须要及时地进行调整。

四、试听课的变数

如果试听课结束后没有了下文怎么办？如何再与家长进行联系？电话的话术如果不得当，也许就再也没有机会了。

▶ 案例：

某个画室做了一个免费试听的活动，试听课结束的时候，10个试听课的家长和孩子，只有1个人报名，而另外的9个人不知道如何进行下一步的沟通？向我咨询后，我给了她以下的建议：

1. 试听课的作品不能带回家，只能留在画室。
2. 留在画室的作品进行一下简单的装裱或者用塑封机进行塑封。
3. 如果试听课不报名，接下来进行电话邀约。
4. "××家长你好，我是××画室的老师，今天给你打电话是想跟你讲一下，上节课的作品我们进行了一下简单的装裱，你可以随时过来拿；还有，因为这个孩子的作品感觉上不错，我们画室接下来想参加一个比赛，需要一些作品，我想让孩子来画一些作品，当然是免费的。但是有一个条件，就是这张画必须是给我们画室拿来参赛。你看你这周三还是周四下午有时间，我们好做安排？
5. 第二次来的机会，就要和家长做更近一步的沟通，结合话术、赠品等策略。

五、续班的变数

续班的情况有三种：一种是坚定地要继续学下去；一种是因为各种客观的原因没有办法学下去；而续班就是面对第三种可学可不学、犹犹豫豫的家长，如何进行把控和管理，是我们面临的最大挑战。

关于家长犹豫的原因，你需要仔细地分析是哪里做得不好。课程、沟通、管理、孩子的兴趣？总之，如果孩子不想学，家长不愿意报名，就是我们某些环节有不足，才会出现不想续班的情况。这不是一件小的事情，必须要看成头等大事去解决，因为续班才是一个机构可持续发展的关键因素。

六、转介绍的变数

常见的转介绍有老带新减免学费、换取积分、送赠品等，其实这些都不是真正转介绍的原因，因为大部分的家长，不会因为这一点点利益，去面对自己的朋友。转介绍的本质是信任，也许是信任某个老师，也许是信任机构本身，这才是关键。而转介绍的最高境界是以在你们的机构学习为荣、以与你们成为朋友为荣。

如果想获得这种尊重，请仔细想想你们还有多长的路要走！

七、报名流程的设计

（一）成熟机构抓潜的选择、接触方式、奖励与具体要求

如果你的现在机构比较成熟，有一定的生源，那你肯定有自己的"鱼塘"。这个鱼塘也许是公立小学的资源，也许是与其他培训机构的合作，无论怎样，你的抓潜不要放弃任何一个资源；先不要去找新的鱼塘，而是要在现有的基础上进行优化。如果你目前具备稳定的生源来源，那就需要把它做到更好，然后再去找新的招生方法。

（二）新机构的抓潜方式：奖励与具体要求

如果你是一个刚刚起步的机构，你可以列出你能想到的所有"鱼塘"。接着选出对你最有利的"鱼塘"进行接触。和"鱼塘塘主"接触的过程中，要考虑如何搞定"塘主"，和给鱼塘里的鱼什么样的鱼饵。所以你要考虑，你们给到家长什么样的奖励，才能让家长产生行动，行动后如何联系到你们，或者你们如何联系到他们？这些都需要事先想清楚，只有想清楚，后续的方案才容易做。

（三）报名是方式与具体的行动要求

就算是家长和孩子参加完试听课了，还是有家长不会报名。对于这些家长，需要用什么样的方式和什么样的频率进行跟踪呢？就算是不报名的家长，也要不断地跟踪、沟通、贡献价值，这样，他们在想学画画的时候第一个选择的就是你们。

这必须有一个计划：怎么去设计营销流程？怎么跟踪家长？家长为什么报名？你们有什么样的赠品、零风险承诺等，这些都需要你想清楚的。

1. 续班的追踪方式、频率、奖励与具体要求。

当家长和学生第一次跟你们报名后,仅仅是一个开始。而续班才是你们面临的真正考验,续班就不单单是营销和招生那么简单,而是由课程与服务所主导。其中最关键的就是如何让家长认可你们的教学方式和教学理念。

如果有时候,你们能解决家长对自己孩子没有办法的事情,你们的存在感和价值就会更大,家长也会觉得你们机构是放心满意的。

2. 转介绍的方式、时机、主张与具体行动要求。

新生报名中转介绍的家长是最好的,因为在正式报名前,他们已经充分地了解了你们,不需要你们过多的言语,基本上都会报名。但是转介绍有一个最大的弊端,就是人数增长太慢。为什么?因为没有转介绍的机制与方法,而其中最重要的就是转介绍的时机。

转介绍并没有所谓的方案,也没有所谓的话术。真实的转介绍必须建立在你们的教学基础之上、建立在你们与家长之间的信任之上。而转介绍的最好时机,并不是在学期末开始,而是每一次与家长沟通的时候。

沟通的关键并非所谓的话术,而是超越机构和家长之间的信任,家长和你成为朋友,或者你是孩子的导师。当孩子出现任何问题的时候,你能帮他答疑解惑。

CHAPTER 5

续班（一）

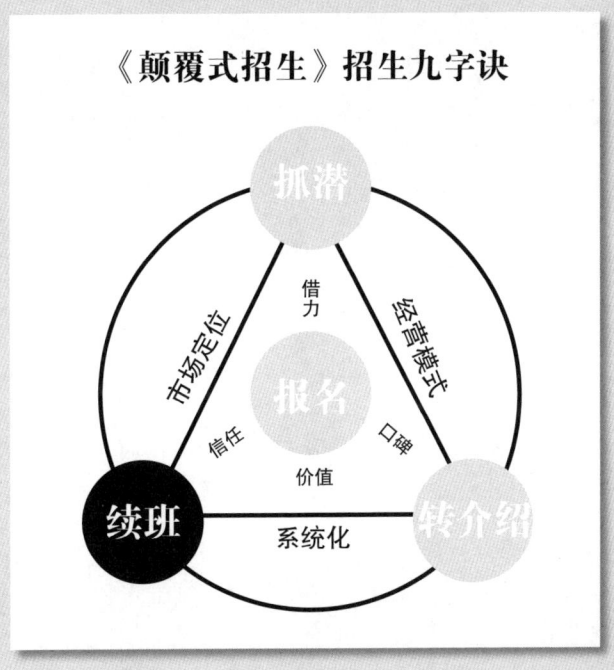

在谈续班之前，我们先了解一下少儿美术培训机构营收中的三大痛点：

一、招不来： 是指招生的方法落后，竞争越来越大。传统的招生已经完全起不到任何的作用了，所以现在的招生很难，而且招生的成本很高，在某些大城市，一个学生的到访，成本至少要 200-600 元以上。

二、续不上： 是指续班率不高。衡量一个机构是否良性发展，续班率是一个重要的标准。

三、转介绍慢： 是指转介绍的生源太慢，而转介绍来的家长是最容易报名的。

第一节
续班的基础

在本书的前几章，我们也提到了续班对招生的作用，但是，怎么续班？续班的基础是什么？续班的流程又是什么呢？想要续班，我们还要做好哪些服务？这些都是我们要考虑的问题。

因为续班是生源良性循环的保证，并且，续班的流程和良好的服务，也是稳定生源的根本。

想做好续班，必须先做好基础。什么是基础？就是简单的事情重复做，重复的事情用心做。续费基础分为十点，必须把这十点做好，你对续班才能有一点点的把握。

一、能否让家长理解我们的教学

不可否认，绝大部分的家长对少儿美术缺乏了解，甚至对教育也缺乏了解。我们作为少儿美术老师，不单单是要教孩子，还要教家长。成为家长的老师，让他们理解少儿美术、理解儿童。不过，让家长理解看上去简单，但是背后需要你对少儿美术培训的深入理解，对自己课程体系的了解，并且能用浅显的语言表达出来，这样你在和家长沟通的时候，才能做到有的放矢。否则你自己对续班都是一知半解，又如何让家长明白呢？

二、能否让家长感到超值

家长的购买心理是：不怕花钱，但是怕花得不值得。所以我们除了常规的教学与服务外，更要进行价值塑造。让家长感觉到，本来仅仅是让孩子来画画的，可是收获的却是比单纯的画画要多得多。具体怎么做呢？你可以参考本书价值塑造的这一环节，有很多塑造价值的方法。这里举几个简单的例子，仅供参考，比如：亲子活动、家庭教育讲座、参加省市绘画比赛。

但是要说明的是，就算是这些免费、增值的活动，也要进行价值塑造。比如：以对外宣传价值 100 元的亲子课，家庭教育课程，原价 680 元，只要提前预约可以免费，如不预约，恕不接待之类的。

三、能否让家长尖叫

什么样的课程才能让家长尖叫呢？尽管我们一直讲，少儿美术培训的重要之处在于想象、创造、认知、感知，但是真实的世界是你还要满足一下家长的需求。毕竟是家长带孩子来学画画的，你们总是讲理论方面的东西，而孩子一点进步都没有，于情于理都说不过去。所以你们要在画面效果、媒材丰富上下一些功夫。画面的完整性、构图、细节、效果提升上来，就会让家长感觉到超乎意外的惊喜。

四、能否让孩子尖叫

刚才是讲让家长尖叫，我们同时也要让孩子尖叫。要让孩子对少儿美术培训保持兴趣，一直觉得学习美术是一件好玩的事情，这就需要我们在课程的设置上，符合孩子的心理和生理需求，在技法和媒材上不断变化。每个学期学到内容都不同，这样才能让孩子一直有期待，一直有惊喜。

五、能否让孩子获得成就感

续班中一个最关键的因素，是孩子的进步，只有进步了，孩子感受到了乐趣，家长看到了，才会觉得不要轻易地放弃学习美术。这个进步在于课程体系的递进，一点一点变得更好。而在这个过程中，孩子会从绘画中获得满足和成就感。只要孩子持续地获得成就感，觉得自己有进步，获得同学的赞美、老师的鼓励、家长的认同，孩子就会更加自信，更加热爱画画。

六、儿童心理学

作为一名老师，必须要懂儿童的心理，也要懂得儿童阶段性的心理特征。比如：三岁孩子的心理特征和生理机能、四岁孩子的心理特征和生理机能等。只有这样在教学过程中，就会明白孩子在课堂上为什么有各种表现，也会明白孩子行为背后的动机。

儿童的任何行为、出现任何的情况，都要从背后找根源，而根源就是家庭的教育方式。现在大多数的家长都关注孩子的衣食住行，比较少的家长才会关注孩子的心理健康。我们要做的就是让家长关注儿童的心理健康，并且要耐心呵护儿童心理的健康成长。

推荐图书：《你的 N 岁孩子系列》

七、绘画心理学

绘画心理，作为一个成熟的心理学分支，市场上也有很多的相关书籍，也是少儿美术老师所必须学习的内容，因为很多心理疾病就是通过绘画进行治疗的，因为通过美术的画面，可以把一个人的内心折射出来。

作为一名有经验的少儿美术老师，从孩子画画的状态和画面的呈现上，就能判断出这个孩子的性格、家庭教育的方式、甚至家庭关系如何，就会更好地解读儿童画，也会更好地与家长沟通。

推荐图书：《儿童绘画与心理治疗》《绘画心理治疗》《心理画外音》《看懂孩子的话，读懂孩子的心》《心理魔法壶》《儿童心理画》。

八、美术史

为什么要了解美术史？因为你是一名美术老师，你要对你的行业有一个系统清晰的认识。中国、外国的各种绘画的风格和流派都要涉猎些，这样不但开拓视野、丰富知识，还有助于提升课堂的底蕴和质感。

推荐图书：《写给大家的西方美术史》《写给大家的中国美术史》《八卦艺术史》《图说中国绘画史》。

九、名家名作赏析

了解美术史后，还要对一些名家名作进行仔细地分析与解读，这样会提升艺术修养，开拓眼界。有的时候我们与家长沟通的时候为什么无法深入，很大程度上是因为自己的知识储备不够，所以我们必须不断地学习，只有持续地学习，在与家长的沟通以及教学过程中，才可以游刃有余、自信满满。

推荐图书：《小顾聊绘画》《如何看懂一幅画》《破解大师之美》。

十、技法的实验与创新

一位少儿美术老师，必须尝试各种材料、尝试各种技法，并通过思考、分析、总结、融合，把各种不可能的材料融合到一起，把各种不可能的想法进行实践，因为创意和创新就是从这里来的。如果我们不进行这种创新的研发，又如何能教孩子创意？

以上十点是续班的基础，如果每一个点都没有做到 80 分以上，相信你的续班一定很难，而这十点不是所谓的秘籍，也不是速成的方法，是需要你从每一个细节开始做起，在时间的流逝中慢慢地累积。

第二节
续班的流程

续班的流程分为四个板块：沟通、活动、展示、教育。只有把基础、流程做好，才能保证续班率。

一、沟通

我们把沟通放到第一位，因为只有持续地沟通，才能让家长认可我们的教学方式与理念。而在沟通的时候，我们可以采取一对一、电话、文字、新生家长会、老生家长会等多种多样的沟通方式。

1. 每节课一对一的沟通

利用下课的时间，与家长简单描述孩子上课的表现。这里要说明的是，我们不能一味地说孩子表现好，有的时候要适当对家长把孩子的真实情况说一下，并且还要给出一些好的建议和解决问题的方法。不能只讲问题，而不给方法。记住！只有指出问题，并且能解决问题，你在家长的心目中才是一位优秀的老师；只有家长认为你够专业，值得信任，你的续班才会变成水到渠成的事情。

2. 电话沟通

电话沟通，主要针对自己来上学或者是由爷爷奶奶、外公外婆接送的孩子。电话沟通的时候需要进行话术的培训，比如：开场白、问候语、如何表达、如何倾听等，这些都需要培训，而且要着重在训练上，这样进行电话沟通的时候才能更好地进行交流。老师在和这些孩子电话沟通的同时，也要配合相应的监督机制，监督老师在沟通的时候是否达到我们预期的要求。

3. 文字沟通

通过文字，把你们对教育的认识和理解，传递给更多的家长，可以是在你们机构发生的真实故事以及发自内心的情感。如果有的家长看到你的文章，也许就会通过文字了解你的为人、教学理念、上课的方式与方法，从而对你产生信任。

4. 新生家长会

很多机构从来没做过新生的家长会，这是一个极大的误区。如果这个时候你稍微偷懒一下，后面就要花费更多的时间和精力去弥补之前工作的缺失。

比如：在家长会的时候，要阐述你们的教学观点、教学方式、课程体系以及学画过程中的常见问题，这样就解答了家长对你们的大部分疑问和困惑，从而避免了来回问大量的重复问题。

5. 老生家长会

老生家长会一般开在学期末，主要的目的就是回顾这学期的课程内容、给家长详细阐述课程为什么这样设计以及下个学期的课程内容是什么，并说明下学期的课程和这学期的课程之间的关联在哪里。

最后，还要说明未来两年的课程是什么，并且把以往学生两年后的优秀作品展示出来，让家长对未来的课程有所期待，达到你们续班的目的。

以上的沟通方式只是在基本的层面上，而真正的沟通是每一次都需要用真心去面对家长。只有这样，家长才能感受到你们的真诚，才能达到你们心目中想要的效果。

二、活动

公立学校因为人数增长和安全隐患的问题，很少举办课外活动，而校外的机构基本上承担了课外活动的职能，所以无论是从孩子和家长的需求、还是我们要提升附加值的角度，都需要把活动当作机构的一个重要组成部分。

1. 活动的好处

想要做一场完美的活动是需要多方面配合才能促成的，这就考验一个团队的策划与执行力。通过活动可以有效提升团队策划能力、组织能力、凝聚力、执行力等。

举办活动，最开心的就是孩子，孩子的天性就是玩，有这样的机会，他们当然不愿意错过，而家长也有同样的需求，这样可以给孩子一个放松和休闲的机会。

做活动的最大好处就是可以展示你们的团队的精神面貌和实力。这样新生认为你们有实力，老生觉得在你们这里学习有面子。

2. 活动的思考

大多数老师因为活动而产生了一个误区，就是"我做的活动怎么招不到学生"，事实上，活动根本就起不到招生的作用，活动只能扩大影响力，提升老生的满意度。一个活动能达到这两个目的就已经非常不错了，不要再奢望招生了。

活动影响力是层层递进、不断扩散的，也许两年前做的活动给人以深刻的印象，现在才来报名。也有人因为活动的影响力，虽然自己的孩子不爱画画，但是会介绍自己的朋友来你们的机构。

3. 活动的建议

无论是大型或者小型的活动，我们都可以笼统地分为室内活动和室外活动两种。做活动的时候，我们要注意的事项是：安全、效果、成本。

安全：无论如何，任何情况下安全都是第一位的。所以进行活动的时候一定要把安全责任到人，每一个环节、每一个区域都要有专人负责安全，杜绝一切安全隐患。

效果：在做活动的时候，要对活动的效果有个预计。如果活动结束后，反思活动的效果有没有达到，没达到的原因是什么？下次如何改进？做的每一次活动都要进行及时的总结和复盘，以便下次活动的开展。

成本：任何活动都需要大量的人力物力。所以要时刻关注成本，当一个活动的成本达到你不能接受的程度，也只有放弃。对培训机构来说，花费最少的成本，获取最大的效果才是终极追求。

4.活动策划的"天龙八步"

第一步:"出师有名"(确定主题)。

任何活动策划都需要一个主题。主题的设计,可以从你身边的资源寻找,也可以从节假日和社会热点中发掘,比如"生日会""圣诞节""万圣节";还可以从一些热门综艺节目中寻找,如"奔跑吧,少年""我是小画家"等,也可以结合一些公益活动,如福利院、特殊学校等。

第二步:头脑风暴(讨论可行性方案)。

主题确定后就要和全体的老师进行一次头脑风暴,可以大胆地想象,天马行空、发散式思维的碰撞与交流,把每个人的想法、创意充分地调动起来。这个时候不要考虑方案的可行性,只需要把所有的想法摆在桌面上。好的想法留下,有争议的想法待定,都觉得不好的想法淘汰,这样的碰撞才能产生新的创意火花。

第三步:"运筹帷幄"(制定流程)。

头脑风暴后,需要做一些加法和减法,根据你的实际情况,把能想到活动中的流程、细节、可能性全部写下来。比如:场地、人数、费用和要做的第一件事、第二件事,一个个排列出来,包括时间的节点、流程的确定、人员的安排以及出现问题的备选方案。

当流程制定出来,一定要制作流程表。每个老师必须人手一份,并且要开会反复强调活动的每一个细节,确保活动的流畅性。因为做大型活动会有一些非本校的工作人员或者自己的亲戚朋友。如果没有一个明确的流程表,现场将会一团糟。

清单技术:看起来很高大上,其实就是把你认为的一切可能性写在纸上。有时候想法很多,可是一落实到纸上,你就会发现,你的想法也就是那么一两句话。清单技术有助于训练你的逻辑思维。

第四步:"定江山"(确定方案)。

当活动的流程和节目确定好了以后,就需要把方案进行定稿,确认无误后,把整个活动的流程、步骤、人员安排、清清楚楚地按照时间节点形成文本方案,打印后发给所有工作人员,人手一份。

第五步:"人人有责"(人员配置)。

方案制定好后,开始进行人员的分工和调配,每个人要清楚自己做什么以及与其他人如何配合,这都需要精心的安排。

第六步:"粮草先行"(物料准备)。

人员安排好后,就要开始制作物料、制作宣传品,比如展架、易拉宝、条幅、喷绘、写真、门票、通知单等。物料是构成一个完整活动不可或缺的元素。

第七步:"防患于未然"(彩排)。

"台上十分钟,台下十年功",一个成功的活动,彩排是必不可少。一定要把所有的流程、音乐、人员、物料都要按"正式活动"演示一遍。当进行彩排时,才会发现你认为天衣无缝的流程会漏洞百出。一定要仔细留意哪一个环节容易出问题、哪个环境容易出彩。

第八步:"精益求精"(调整)。

彩排后,你就可以对活动进行最后的调整,人员确定、流程确定、场地协调。这个时候就可以把你调整好的活动方案进行发布,接下来的事情就是"谋事在人,成事在天"。当所有的准备工作做到你能力的120%时,最后的结果也就无愧于心了。

这就是活动策划的"天龙八步"。任何活动都可以套用这个模式,无论是几百人的大型活动，还是几个人的小型活动，都离不开这八个步骤。最后，我再告诉你一个不为人知的秘诀，也是很多人忽视的秘诀。如果忽略这个细节，无论你之前准备得多么充分，活动设计得如何巧妙，没有把这个细节做好，一切都将成为一团麻。那是什么呢？**活动中最为关键的一个因素是：音响！**

没想到吧，事实就是如此。音响对一个活动来说非常关键，因为活动流程的把控、推进、引导，都是需要人来推动。主持人很重要，音响更重要，因为好的音响设备可以让所有的人听从指挥、统一部署、统一行动，从而完成一个流畅、完美的活动。

三、展示

"每一个人内心都有一个明星梦"，不知道这句话你有没有听说过。这句话出处无从考究，但是从根源上看，是直指人内心最深层次的渴望，每个人都希望获得别人的关注和赞赏，所以我们需要制造展示的机会，让孩子有表现的舞台。

展示可以获得更多的人关注，也可以让老生的满意度提升。更重要的是，展示是一种无形的广告，会层层渗入到观看者的内心，让看到展示的人有想加入你们机构的冲动。展示的方法很多，这里列举几个适合培训机构的方式。

（一）媒体

想要获得更多曝光机会和提高知名度，就要善用媒体的力量。现在的媒体很多，比如电视台、电台、报纸、杂志、网站、论坛等，每种媒体的展示方式不一样，这就需要我们仔细分析每一种媒体的特性，掌握如何使用媒体的方法。

1. 报纸：第一章我们讲过借力，这里再讲一下，不但要借力，还要借势。报纸内容需要素材，我们就可以利用社会热点制造素材，比如奥运会、世博会等等。也可以根据当地的文化来进行课程开发，比如武夷山的茶文化、少数民族的文化等。当把教学成果展示出来的时候，报纸一定会报道你们的机构。

2. 杂志：现在幼儿画刊很多，你可以订阅一些，根据杂志的栏目风格指导孩子的作品，这样刊登的机会就会大一些。另外你还可以联系杂志的编辑，咨询把作品刊登到杂志上的具体方法，这样效果会更好。

3. 电视台：如果想做大型的活动，最好叫上电视台，不但可以体现出你们的实力，也可以留下影像，以后做宣传的时候可以进行展示。

4. 论坛：如果有当地的论坛，可以仔细地研究一下母婴板块和亲子板块，把你的作品放上去让别人点评，也可以让家长上传自己孩子的作品，并提供一些奖品与奖励。奖品是什么？最好就是你的试听课，这样也能达到宣传的目的。

（二）比赛

现在各类的绘画比赛很多，无论是收费的还是不收费的，只要家长愿意参与，我们就要提供这样的机会。对一个孩子来说，任何形式的比赛，只要能获得荣誉和奖项，都可以提升他的自信与兴趣。所以参加各种各样的比赛都是值得鼓励的事情。

（三）画展

画展在某种程度上是非常好的一种自我展示的方式，可以把你们的教学成果有效地展示出来，扩大影响。不过，做一次画展需要花费大量的人力和物力，所以做画展之前要进行慎重地考虑，因为画展并不能直接起到招生的作用，而画展的效果取决于时间和地点的选择。

画展应该在放假的时候举办，而且最好是黄金假期，人们有空闲来看画展。地点最好是交通方便、人流交汇的地方，这样才能让画展有更多的受众量，效果也会更好。

（四）资源

什么是资源？就是把周边所有能帮助你们机构的人或物为你所用，而且是有条件的要有，没有条件创造条件的也要有，比如：我们就把我们机构孩子的作品，装裱好挂在德克士、妇幼保健院、防疫站、市立医院等地。从某种程度上，我们并不具备这些资源，但是我们敢于尝试，去医院院长的办公室直接问可不可以把我们的画挂在门诊和住院部，结果院长就答应了。就这么简单，只要敢于尝试，至少还有一半的机会。如果连尝试都不敢尝试，那就是一点机会都没有了。

四、教育

从一家美术机构的发展来看，可以分为美术取向和教育取向两个方面。美术取向基本是以技法类为主，而教育取向是以教育为主。两种取向并无对错之分，只有适不适合自己的情况。无论是美术取向还是教育取向，都要读懂孩子、接纳孩子、懂得孩子的心理成长和生理成长。知道一个孩子的性格、行为、习惯产生的原因是什么？孩子为什么有这样那样的行为，行为背后的动机是什么？是什么原因形成这样的行为。这都是作为一个老师所必须的能力，这样才是一位合格的老师。

1. 家庭教育

因为社会的发展、快节奏的生活，无论是家长还是孩子都变得很浮躁。而成人的浮躁情绪很有可能就传递给孩子，也许孩子就会出现一些家长觉得需要改进的行为习惯。家庭教育的出现对机构、家长、孩子、甚至我们自身都是非常有必要的。

但是无论孩子的好与坏，是跟家庭教育息息相关的，跟父母有直接的关系。而事实上的家庭教育，教育的不是孩子，而是家长。让家长懂得孩子、接纳孩子、懂得孩子的感受，站在孩子的角度看待问题，和孩子同频共振，和孩子一起建立规则感，所以我们要从心理上尊重孩子。

这些说起来简单，但是做起来却是很难，因为成人的生活有压力，当有情绪的时候对孩子不自觉就会用简单粗暴的方式。也许我们不经意的语言，甚至有的时候是敷衍的语言，孩子会当真或者受到心灵的打击和伤害。所以对待孩子一定要尊重、谨言慎行，与孩子的交流不要敷衍，与孩子建立信任和建立规则，只有这样与孩子的相处才会越来越好。

做家庭教育，不但能帮助家长和学生，更可以改变自己对教育的认知，也会更懂孩子，这样对自己的家庭和孩子的成长都是有极大好处的。

2. 学生案例集

把你们印象深刻、有典型代表意义的孩子用文字记录和总结，这样你们对孩子的理解会加强加深。也可以用博客、公共微信的方式进行发布，让更多的家长看到你们的记录与研究成果。

教育的关键是人，而人的性格各种各样。所以做家庭教育和读懂孩子的前提是，你要对各种各样类型的性格要有一定的了解。

附录
某少儿美术培训机构的续班通知

亲爱的家长：你好！

我是某少儿美术中心的陈老师，我们中心不知不觉中已经度过了三个年头，从一开始的懵懂到现在有了一点成绩，都离不开你们的支持。

这三年是不断探索和沉淀的过程，也是我们不断挣扎的过程，为什么呢？因为我们考虑的是，到底我们的教学是给你们看的，还是给孩子带来艺术和自由？

如果是给你们看的，很简单，只要把画面效果做出来或者孩子不会画的时候，我们的老师帮忙去修改即可，这样我们轻松、你们满意！

而给学生艺术和自由，则是要符合孩子的身心、行为、语言等。

备课的过程是要符合体系、递进、范画、说课、课后反思等，所有的这些准备就是要给予孩子自由和艺术感，而大多数的家长看到所谓的艺术感，都会觉得乱七八糟、像鬼画符！

所以这就是我们挣扎的原因，也有一些人不理解，也有人问画画到底能达到什么目的，对以后成长有什么用？

如果从某种意义上来说，画画真的一点用都没有！

但是请你考虑一下，你学过的东西，在你的工作和生活中到底什么是有没有用的？你的生活中，点缀你生活亮点的是什么？

美术，美在前，术在后。美是一种思考，美是一种感受，美是一种文化。所以了解了美，你会有自己的思考、会有一种独特的感受、会有一种自信的气质。如果一个人缺乏了这些，与一个冷冰冰的机器有何区别，或者说，缺乏这些，我们的生活，也仅仅是活着而已。

美术也许真的没什么用，但是它会让你成为一个有温度的人，仅此而已。

我也是一个父亲，我希望我的女儿是一个具备独立生存能力、有自己的思想、人格、有生活情趣、与人为善、开心快乐的人。

我相信，你也希望你的孩子同样！

另外我们还有三件大事要宣布：

第一件大事

随着人员不断地增加，运营成本不断地上升，我们的学费将进行一些适度的上调，说到这里，也许你马上就会犯嘀咕了：怎么又要涨价？你们的学费已经比别人贵了很多了。

是的，你说的都没错！

但是对我们而言，我们是希望把最好的少儿美术教育带给孩子们。所以我们不计成本地改善环境，安排各式各样的活动，丰富正版的精装绘本，组成全部专职的教师队伍（具备与事业单位一样的福利待遇），这些都是需要成本的支持。

也许，别的美术培训机构的价格比我们低很多。

也许，很多人觉得画画就是那么一回事，不值得花那么多钱。

但是我们想说的是，我们做的是少儿美术教育，希望用美术教育充实孩子的艺术感受，还原孩子一个本真的童年。我们一直强调的是正确的少儿美术教育，儿童、美学、教育这三大块都是非常重要的主题，需要我们老师不停地摸索和钻研，也需要团队和系统的支持，而不是大多数人认为的只是简单的画画而已。

我们从来不做价格的竞争，我们强调的是价值的传递，我们要做的是让武夷山的孩子们得到北京、上海、广东、深圳甚至与国际接轨的少儿美术教育，而不是单纯的价格比拼。

不过这次价格调整不是现在，也不是秋季，而是2016年。

2016年春季我们的学费将正式调整为65元/节，以后每年学费会上涨5元。

做出这个决定也是我们思考了很久的结果，为了能让我们这个团队更好地做下去，也为了让孩子能持续获得我们的教学和活动。我们只有不断学习、不断锻炼团队、磨练团队，才可能给你们的孩子带来最好的少儿美术教育。

好了，说完了第一件大事后，让我们来看看第二件大事。

第二件大事

虽然我们在 2016 年要涨价，但是我们不能忘记回馈我们的老生。

特别是我们中心马上就要三周年了，这几年我们的发展离不开家长们的支持和厚爱，所以如何回馈，我们一直在探讨各种方案。经过三天三夜茶饭不吃的冥思苦想后，我们将推出一个划时代意义的产品：保值卡。

保值卡是个啥玩意呢？

简单的说，就是以后无论我们中心的学费是多少钱你们都不用管了，你们的学费还是现在的价格，明白了吗？假设以后我们的学费是 80 元／节，你还是享受现在的 60 元／节，就这么简单。

问：什么情况可以获得保值卡？

答：必须在我们中心学习美术 2 年以上（含两年）的同学。

问：如何使用保值卡？

答：使用保值卡必须以年费（2400 元／40 节课）的形式，并且中途不得间断；休学、延期、中断一学期或一年，保值卡自动失效。

问：如果学习时间不满 2 年如何使用保值卡？

答：补齐 2 年的学费的差额，另外缴费 1 年（2400 元／40 节课）。

问：保值卡什么时候都可以办吗？

答：no！保值卡是我们 3 周年特别推出的活动；下次保值卡的推出，也许是 2 年后、也许是 3 年后。

保值卡就是我们中心对一直支持我们的老生最大的回馈！

特别提醒 1：

保值卡我们只从 200 多个学生中开放 30 个名额；

特别提醒 2：

本次保值卡的报名截止日期为 6 月 22 日，超过截止日期只能说抱歉了；

特别提醒 3：

报名成功获得保值卡外，我们将另外送你一个价值 128 元 20 寸的卡通拉杆行李箱。

最后，祝你好运，如愿获得这次难得的保值卡！

第三件大事

6 月 22 日提前续费，时间是在暑假或者秋季。

半年：1200 元 /20 节，全年：2400 元 /40 节（不含暑假），送 20 寸卡通拉杆行李箱。

最后，感谢一直支持我们的家长，正是你们的支持，才让我们有成长的空间，感恩有你们！

CHAPTER 6
续班（二）

管理大师彼得·德鲁克说过:"一个企业最重要的任务只有两件事,第一件事就是创造客户,第二件事就是保留客户。"

我们少儿美术培训的招生工作也是同样的道理,第一件事我们要把新生招进来,第二件事就是让老生继续学下去。作为一家培训机构的校长,单纯地发传单、做广告只是做新生报名的工作,而会这些还远远不够,最重要的是能留住老生,而且要留的时间长,留的时间长了,才能做好续班,只有这样您的机构才可能会真正地发展和盈利。

第一节
老生流失的原因

我们都知道，一个孩子无论怎么喜欢画画，他终究有一天是会离你而去的，也许是成长中的兴趣转移，也许是学习压力太大，功课太多不得不放弃。不管什么情况，老生的流失是不可避免的。

但是对我们培训机构来说，流失生源并不可怕，可怕的是流失的原因。流失的原因分为两种，一种是自然流失，就像以上所述的情况，是不可避免的。另外一种是服务流失，是因为我们自身教学、服务、还有很多特殊状况没有处理好而流失，这是不应该的。所以在做服务之前，我们要先弄清老生流失的原因，这样我们在做教学和服务的时候，才能有效避免流失的情况，让我们的服务为我们的续班打下坚实的基础。

我把老生流失的原因分为八条，只要把这八条作为服务的警戒线，相信会避免很多因为服务而流失生源的情况。

一、态度

态度这个词可以代表很多东西，你对家长的态度、对学生的态度、对教学的态度都能代表一个人的责任心与责任感。假设你吃饭的时候服务人员对你爱答不理，爱咋地咋地，你是什么感觉？试衣服的时候，营业员对你不闻不问，你又做何感想？

或者说，你到一家英语培训机构，所有老师和工作人员看见你来都跟没看见一样，给你的感觉如何呢？我相信一定是不专业、不值得、不相信，肯定就不想在这里学了。所以服务中的态度很重要，如果冷漠地对待家长，家长的疑问和困惑不能及时解决，家长一定会因你们的态度而选择放弃。因为家长感觉你们不重视他，对他的要求敷衍了事，既然这样，就没有必要再学了。

如果两家相同的培训机构，教学水平相同、老师能力相同、环境硬件相同、价格相同，这个时候，两家机构的竞争力在哪里呢？不用质疑，一定是在服务上，是在与家长的沟通上。如果想在市场竞争中取得领先，就要把服务做好。

如果不相信，请你仔细分析一下海底捞和海尔的服务，海底捞的火锅就那么好吃吗？不见得，但是海底捞的服务好。海尔电器的质量有那么好吗？也不一定，但是海尔的服务好。任何行业的竞争，最后都是服务的竞争，你现在必须重视你的教学服务。

不过话又要说回来，我们的服务和态度不是一味地迎合家长，而是建立在自己的专业性与责任感上，给予家长专业的沟通，能给家长答疑解惑，让家长得到重视。这才是服务的真谛，而不是一味讨好家长。因为我们无法满足每一位家长的需求。只要我们能做到100%的努力，认真对待家长的每一个需求，至于结果，问心无愧就好。

二、借口多和反应慢

相信你在消费的过程中一定有过这样的体验，比如在饭店吃饭的时候，点了菜很久都没有人理你，这个时候你就感觉很生气，当好不容易等人来了的时候，他却跟你说你点的菜没有了，估计你的反应和我一样，都要被气疯了。

反应慢是最容易让人产生不满的因素之一，因为别人在等你，就意味着别人的生命因为你的拖延而产生浪费。如果是一群人等你，你的拖延就是浪费一群人的生命。如果家长向你反馈的问题不能及时得到解决，家长就会对你逐渐失去耐心，最终会离你而去。

而比反应慢更让家长恼火的是出现问题就推三阻四、借口多多。因为我们在与家长相处之中，总是会有这样那样的意外，当家长对你提出意见的时候，你一定不要推卸责任。如果你一直反驳对方的观点和话语，家长一定会和你对着干，会和你据理力争，斗争到底。

这个时候不要挖空心思地想各种各样的借口，你要做到的是马上解决家长的问题，消除家长对你的意见，甚至让危机变成转机，让家长从一个对你不满、疑问重重的人，变成一个你的铁杆"粉丝"家长，这并不是不可能，只要处理得当。我们在后面的章节会专门讲如何对待对你有意见的家长。

三、教学和服务没有满足家长的需求

这里再次强调，无论是新生报名还是老生续班，都离不开教学。教学才是招生的根本，如果你们的教学不过关，这本书所讲的任何招数都没有用。也许用本书的方法会一时见效，但是路遥知马力，日久见人心。假设你用各种各样的招生手段找到学生，可是在教学过程中实现不了你当初的承诺，这个时候其实你是在作茧自缚，自己给自己挖了一个大坑。而这个大坑你掉进去，几乎就很难爬出来。

所以，教学！教学！还是教学！教学是你搭建自己机构的基石，如果基石质量都不过关，你建设的高楼大厦只是空中楼阁，根本经不起推敲。

这里提醒你一下，什么是好的教学？少儿美术的教学到底哪种好？事实上，目前少儿美术教学存在很多争议，这种争议我们也无法判断，我们只能按照内心的指引找到我们的方向。

少儿美术教育，少儿肯定是放到第一位的，所以教学必须按照年龄、心智认知去设计。然后是教育，通过什么方式给予孩子。最后才是美术。而美术，美在前，术在后。审美意识和审美能力决定孩子是否拥有认识美的心灵和发现美的眼睛。最后才是术，才是我们看到的画面效果。

画面中发现孩子的艺术点和闪光点是远远不够的，你还要同步教家长，教家长什么才是好的儿童画、什么是少儿美术教育，让家长从心里了解你们、认可你们、信任你们、支持你们。

只有把这些都做到，你们的少儿美术教育才是完整的。

四、价格问题

价格问题从某种角度来讲，是最重要的问题，也是最不重要的问题。如果家长感受到你们的价值，并且认可你们的价值，价格并不是问题。

觉得你们价格贵的家长，也许是你们没有清晰地、量化地展示出价值来。你可以把每个星期的工作流程以文本的形式，在报名前让家长知道作为一个少儿美术机构的工作是什么样的，作为一名少儿美术老师的工作是什么样的。这样家长就不会说你们只有周末才上班，那么轻松的工作还要收那么多钱之类的话。

因为我们在教学过程中，老师会付出相当大的精力去备课、写教案、做 ppt、写课后反思，每节课对每个孩子要有评语，还有我们外出学习的成果等，这些辛苦的准备就是为了能上好一节美术课而已。

如果价格与价值相比，我们的收费是收得心安理得，并且我们要让家长感受到别的机构一定做不到我们所做的一切。

五、教师稳定

在续班的时候，家长最多的问题就是："下学期还是不是你教"。一旦换了老师，老师的流动性大，家长和孩子就不愿意继续学下去了，这是老生流失的一个重要原因。或者说，老师不稳定，但是还是想做好续班，有没有办法呢？

其实方法是有，不过这个方法不一定有明显的效果，但是也算是解决的方案。建议如下：

少儿美术的内容太庞大了，一位老师只研究一段都可以穷尽一生。所以我们机构的老师每个人只钻研一个学科，儿童画老师只教儿童画，线描老师只教线描，色彩老师只教色彩，这样老师才会把全部身心都投入到自己的领域上。老师所在的阶段会更专业，也会让你的孩子收益更大，所以孩子每次升班都可能换老师，但是每次换老师都意味着等待你孩子的老师，是最优秀的老师。

六、承诺太多，兑现不了

新生报名的时候，我们为了让家长报名，不自觉地就会给出很多承诺，而这些承诺兑现不了的时候，家长就会觉得你说的和做的是两回事，会觉得你说话不算数，这样会慢慢消耗家长对你的信任。

招生报名的核心就是塑造价值和建立信任。如果信任都不存在，不要说报名和续班，也许家长还会在外面传播负面信息呢，这对一家培训机构的伤害更大。所以和家长的沟通一定要谨小慎微，如果做不到的尽量不要承诺，就算是能做到，也不要主动问，也不要主动提。因为许下的承诺，做到是应该的，做不到家长还要埋怨你。而你什么都不说，但是能给家长做到很多，家长就会觉得你很靠谱，值得相信。

所以打造口碑、让家长满意的最核心的秘密就是："低承诺，高兑现"。

七、工作上的细节给予人不好的印象

了解我的人都知道，我讲得最多的一个词就是细节、细节、细节！只有注重细节上才能呈现出专业，这里的专业和细节不单单指课程，还包括环境、物品的摆放、整洁、整理、整顿等。

细节代表着教学、管理和团队的精神面貌，而细节也是你和竞争对手拉开距离的重要因素。因为到了一定程度，教学差不多、老师差不多、环境差不多的时候，就是拼细节、拼团队的时候了。

我个人对细节的评判标准就是洗手间的整洁程度。我对洗手间的要求很高，最低标准是可以在洗手间坐下来喝茶看书，你可以想象一下这个洗手间是什么样了。而另外一个评判细节的标准是仓库是否整洁、物品摆放是否有序。我认为细节的理想状态是每间教室的各种工具材料摆放的位置和顺序都是一样的。

不要觉得这样太累，或者觉得这是强迫症，因为物品的统一位置有利于工作时间的节省。如果工具材料不知道放在哪里，就会意味找来找去而浪费大量的时间。如果从管理的角度，这就是在上班时间做无效的工作，浪费工作时间。

最后提醒你，在我的实际工作当中，有的家长就专门盯着犄角旮旯看，或者在没人注意的角落里摸一把，看有没有灰尘。如果你能把这种家长都搞定，我相信这些家长对你是由衷地信服。

八、沟通

老生流失的很大一部分是因为沟通的不顺畅而产生误会和意见后,导致老生决定放弃继续学习。所以和家长沟通是一个机构教育理念非常重要的组成部分,沟通的环节,在前面的续班的板块中已经进行了详细的描述,这里就不再重复。总之,我们一定要避免因为沟通而产生的负面影响,沟通的时候,尽量把家长对你的疑问解决掉,这才是好的沟通,有效的沟通。

第二节
为什么要做好教学服务

你做招生的目的是什么？是让家长报名，让家长付钱给你对吧？我们从另外一个角度看待招生，你要清楚地知道和了解一个事实：老生续费也是付钱给你的。既然新生报名和老生续班的目的一样，就应仔细分析两者的相同和不同之处。

我们都知道，招到一名新生是需要成本的，这个成本包括人力、物力、时间、金钱，所以新生报名是一件很困难的事情。但是老生续费就相对容易得多，如果像之前所说的，把续班的基础点和流程做好，加以配套的服务，续班的成本几乎就是零。

从某种角度上，我宁可把招新的成本作为福利付给我们的老生，这样老生的优惠有了，满意度有了，感觉我们也重视他们了。最关键的是老生可能对你们更加地满意。我们都知道，当满意度高了的时候，转介绍就变成了自然而然的事情，而不是我们刻意给出什么样的优惠。

少儿美术培训机构老生续班的关键是让家长满意。这种满意不是无条件满足家长不合理的要求,也不是一味地去迎合家长,而是建立在我们对孩子认知的基础之上。从教育和理解方面教育家长,让家长知道,少儿美术培训不单单是教美术技法,而是要发现孩子自我本真、情感的表达,这些看起来不起眼的东西,才是少儿美术教育真正的灵魂。

而在我们的经营过程中,有个极其现实的问题,就是家长对我们的价格和教学之间产生的疑问和矛盾。家长希望我们价格更低,而我们认为有品质的教学是建立在一定利润之上的。因为我们的教学老师、房租、材料、学习都是有成本的。如果一味地拉低价格满足家长,我们也很难生存。那么我们的价格怎么一定才能保持我们的利润又能让家长满意呢?那该怎么做呢?

那就是要做好服务,老生的满意度是建立在续班和服务的基础之上的。

因为所有培训机构收入的真正来源是靠老生,所以,做好教学服务有着特别的意义,至少它能给你带来以下四点的好处:

一、老生是你们机构生存的保障

毫无疑问,如果你能让老生不流失,你的收入就会有基本的保障,你的生活才可以稳定,毕竟你还是靠你的机构来养家糊口。家庭稳定才能更好地面对事业的发展,而且只有收入稳定,才可能留住老师,让老师的生活得到保障;只有老师稳定了,机构才可能有更大的发展。

二、教学和服务的目的是满足需求

家长和孩子的需求是什么？有相同的地方，也有不同的地方。孩子需要有趣、好玩，家长的需求是看到一张好看的画，这两者都需要考虑。既要满足孩子的天性，也要考虑给家长呈现美的画面，要达到这种效果，需要在课程设置和课程体系上，进行精心的安排。

三、开发一个新生的成本是老生的六倍

营销需要成本，招生同样也需要成本，而一个新生的成本至少是一个老生的六倍，因为开发新生需要市场定位、宣传策略、物料发放、电话邀约、试听课、转换等，这其中每一项都要成本，而这些成本的收益，还是不可控制的。

而老生续班需要成本吗？也许需要，但是这个成本要比开发新生低很多，而且，愿意续班的家长基本都是对你们有一定的认识、有一定了解和满意度的家长，只要你们对老生再好一点，他对你们的满意度就会更高。

千万不要怠慢老生，然后拼命去开发新生，因为招进来的人再多，可是老生不停地流失，你们机构的人数还是没有办法增长。

四、服务等于口碑

只有让家长满意了，才可能续班；只有续班好了，对你们信任增加了，

才有可能有口碑；只要有口碑，才有转介绍。而教学和服务，决定了你们的口碑。

口碑比广告宣传有效 50 倍！

这个道理很好理解，就像我们平时看广告，你会因为一个广告去买一件商品吗？基本上很难。就算讲的再好，你也不会去尝试，但是这个时候你的朋友和你讲，这个商品不错，我用过，很好用。相信你也许就会买单。

所以口碑的作用比你想象的要大得多，而很多人忽略了口碑的打造。几乎把 80% 的精力和成本放在开发新生上，而服务老生的精力和成本只有 20%。特别提醒你一下，既然口碑比广告宣传有效 50 倍，你应该拿 80% 的精力和成本去服务老生，用 20% 的精力开发新生。

这样做，你的老生对你一定非常满意。他们很开心，会在外面帮你们宣传，也会帮你们转介绍。这种转介绍来的家长和孩子，对你们的信任和认可，比你开发一个新生要来得容易得多。所以做好服务，打造好口碑，会给你们带来更多的生源。

第三节
如何做好教学服务

教学服务不是天天喊口号,说得透彻一点,教学服务就是工作流程和工作细节的落实。如果你能按流程做、按细节做,家长会感受到你的用心与专业。

一、掌握教学服务中的细则

首先明确老师的工作职责和工作流程,并根据每个机构的不同进行调整,这里举例仅供大家参考:

1. 课前,提前15—30分钟在教室等候。

如果有提前到的学生,可以做一些简单的游戏。例如:绘本讲读,或者给一些纸张和笔让学生画画,尽量不要让学生感觉到被冷落和忽视。

2. 课间与学生沟通,根据情况给学生鼓励,让学生有成就感。

如果课间有休息，可以讲些笑话。而在作画过程中，针对学生的情况进行指导，指导因人而异、因材施教、顺势而为。

3．课末，点评作业，针对孩子的课堂表现进行讲评。

点评的目的是强调本节课所学的知识点，也是对学生讲解如何去欣赏一张画，每张作品的闪光点在哪里，每张画的优点和缺点在哪里，这样可以提高学生欣赏画的能力，也会提升自己对画面的感觉。

点评的另外一层含义是，给家长看，给家长听，这样家长就能看得见，能听得到孩子到底学了什么。

4．课后，针对所学和孩子，和家长进行有针对性的沟通。

下课后，我们要尽量和家长沟通，最好是每节课和一两位家长沟通，这样不但有针对性，还有深入性，因为沟通的目的就是让家长认可我们。

5．沟通结果的反馈。

仅仅沟通是不够的，还要看家长的反应。比如：对我们教学的意见、上课的意见、老师的意见，这样我们时时了解家长的情绪与反应，会更好地调整我们的工作方法和服务流程。

6．家长提出过分的要求怎么办？

不可否认，有的时候家长的要求千奇百怪，作为一家校外少儿美术培训机构，承载不了太多的诉求。当家长提出无理要求的时候，我们一定要满足他吗？答案一定是"不"。如果面对价值、理念都不一致的家长，我们也没有必要让他们继续学习。

7．家长生气了如何解决？

无论我们怎么用心地面对孩子、面对家长，肯定还有疏忽的地方。如果我们真的在某些地方让家长生气，我们一定不要推卸责任，好好安抚家长的情绪，处理好事情。其实当一位家长对我们有意见的时候，危机常常也是转机，如果处理得当，生气的家长就会成为我们的铁杆"粉丝"家长。

以上，只是几个具有代表性的方法，还可以罗列出更多、更适合你们机构的方法和流程。总之，你希望你的老师做到什么样子，你就要提出相应的制度和流程。然后，制定出来的方案要落实、要行动、行动、再行动。只有这样，服务才不是一个口号，更不会是一纸空文。

二、评估和标准

关于评估和标准，你也可以用以上举例的方法来设定评估系统，比如：

1. 我所希望的老生满意度是什么？评估标准是什么？
2. 我所希望的服务标准是什么？
3. 我所希望让老生满意的事，评估标准是什么？

这三个问题需要仔细的思考，并且用笔马上做记录。因为每个人心中对服务、对满意度的标准不同。所以评估的时候，一定不能用形容词去表达，一定要量化。因为只有量化才能进行考核和评估。至于如何评估，是根据自己的机构做调整，做出一套适合自己的评估体系。

三、奖励完成目标的老师

如果老师做到以上的评估和标准，你就要进行相应的奖励。人的原动力是利益驱动。你不能只要求老师接受评估和考核，却不给老师相应的鼓励与奖励。奖励也是实施具体化、目标化的方式。奖励的方式多种多样。但是概括起来只有三点，他们分别是：

1. 物质奖励

既然有评估的标准，如果达到评估的标准，就应该获得相应的奖励，如果达不到，奖励就没有。

2. 精神奖励

精神奖励以流动红旗、明星老师、明星班级之类的方式命名，获奖者可以在全体老师和家长面前获得表扬和赞赏。

3. 特别奖励

特别奖励是根据不同的情况做不同的调整。比如：因为处理某件事情特别得当，而给予奖励。

四、以身作则，让老师重视教学服务

你不能只让老师做教学服务，自己也要以身作则，这样老师才会更加重视服务。不仅我们要这样做，世界一流的企业都这样做。

沃尔玛的老板山姆沃顿在巡店的时候，一定会在门口做打包、结账、收银的工作。为什么山姆沃顿要这样做呢？因为他要给沃尔玛的全体员工

看，连老板都这么重视服务，员工还敢怠慢自己的工作吗？

　　Seven-eleven 便利店也非常重视服务，每家分店的店长也常常以身作则，每周必须站在前台当一次收银员。京东的老板刘强东，每年都会有一天当京东的送货员……这些优秀的企业为什么这样做，原因很多，但是最重要的是以下几点：

1. 教育员工，连老板都要服务客户，做下属的更要服务好客户。
2. 示范给员工看，上级是怎么服务好客户的。
3. 感受基层员工的工作，倾听客户的声音。

　　看到这些大公司领导以身作则的做法，你应该知道如何在你的机构中以身作则，从而让你们的老师知道你对教学服务很重视。

五、总结与提升

　　如果想提升教学服务的效果与质量，就要找到"家长和学生还有哪些需求没有被满足？"一旦找到家长和学生未被满足的那部分需求，你就像挖到金矿一样，利润会瞬间倍增。找到未被满足的需求很简单，只需要问两个问题就可以了，至于是什么问题，请看完这个故事后，我再告诉你。

▶ **案例**：

有一位小男孩突然跑到药房里，对药房的老板说："老板，我能借一下电话吗？"

"你要干吗？"药房老板诧异地问。

"我要找工作，我现在想打个电话去应聘。"

"好吧！你打吧！"

这位小男孩拿起电话："喂！请问是史密斯公馆吗？"

"你找哪一位？"

"请问一下，你们是不是有一个很大的花园呢？"

"对啊！"

"我想应聘做你们花园的园丁，帮你们修剪花草，行不行？"

"谢谢你这么热心，但是很抱歉，我们已经有了一位园丁了。"

史密斯公馆的人准备挂电话时，小男孩又追问了一句："你们虽然有了一个园丁，但你们真的打算继续留用他吗？"

"是的，谢谢你的热心，我们真的不打算换人，所以你不用来应聘了。"

听到此话，小男孩似乎很放心地说："很高兴听到你说找到了这么好的园丁帮你，我不烦你了，再见。"

挂了电话，小男孩谢过药房老板，准备离开，药房老板突然叫住他，问道："我想起来了，你不就是那个史密斯公馆的园丁吗，你怎么打电话到自己的单位去找工作呢？你这个行为让人感觉很奇怪，这是为什么呢？"

小男孩说："因为我想看看我的雇主对我的服务评价如何？我想知道

他们对我是否满意。既然我知道他们对我满意了，我就放心了，请你不要告诉我的老板，因为正常情况下我是问不出来的，所以，我只有从侧面打听。"

看完这个故事你有何感想，从药店老板和这个男孩的对话中，你已经明白，想留住家长和学生、想让家长和学生感受你们服务要问的问题是什么了？

第一个问题：我们做得如何？

常常问自己这个问题，就会听到家长对你教学和服务质量的评价。

第二个问题：我们怎样才可以做得更好？

这句话会让你知道，家长希望你从哪些方面提高教学服务质量，然后找出提升家长满意度的方法。

因为家长和学生是你最好的老师！向家长讨教的时候，你才能获得最真实的声音和意见。但是你向家长打听的时候最好是侧面打听，因为正面打听，家长不一定会告诉你真实的想法，所以侧面打听会比正面打听有效。

如果你能长期关注这两个问题，并且找出相应的解决方法，就一定能留住家长和学生，为什么？原因有两点：

1. 家长会知道你有诚意地对他们进行更好的服务。

2. 家长会告诉你，怎么改进你不足的地方。这样，你就可以不断地改进，不断展现给家长你的服务水平和诚意，老生和家长就会一直在你们的机构持续地学下去。

最后，再次总结一下五个步骤，首先做好教学服务中的细则，然后制订评估的标准，接着做相应的奖励，并且以身作则地去示范，最后再进行总结和提升。只有把这五个步骤落实到机构的经营中，机构的服务系统就会慢慢地建立起来，并且总有一天会畅通无阻地运作起来。

第四节
处理异议的方法

如果你没有处理好异议的方法,你的生源和口碑可能就会受到非常大的影响。只有把异议妥善地处理好,家长的意见得到及时满意的回复,好口碑才可能会出现。也许你会说,现在有些家长太挑剔,一会要这样,一会要那样,到底怎么做才能让家长满意呢?现在我就把处理异议的十个关键点罗列出来,为你逐一分析。

一、当下对方是对的

如果家长有意见,你不要做任何的解释,也不要跟他辩解,因为人在有情绪的时候,理性的对话是没有任何作用的,这个时候需要安抚对方的情绪,认同对方的观点,并且非常诚恳地说:"非常抱歉,这是我们的错。"

二、用心聆听

"宁可信其有,不可信其无"。这是我们对家长的尊重,让家长把他的意见与不满充分地表达出来,这样他才能释放自己的情绪。

三、表示真诚的道歉

首先表示真诚的道歉,因为我们工作的疏忽而给家长带来的不便,表示歉意。

四、承认问题所在

有没有问题都要承认,不是一定要承认我们有问题,而是承认一种现象的存在(因为家长已经有了抱怨)。比如:你在吃饭的时候,有一道菜在买单的时候才上,你抱怨了一句,可是这家老板说:"这道菜上得太慢是我的错,所以这道菜你不用买单,晚上欢迎你再来吃。来了以后,我们会重新帮你再做这一道菜,而现在这个我们自己解决。"当你听到这些话后,你的感觉如何呢?

五、同理心，表示关心

体谅你的家长，对他提出的问题表示关心。表示如果我是你的话，我也有同样的感受，这件事一定要追踪到底，一定要解决到底。

六、镇静

不要冲动，不要因为对方情绪冲动而产生争执，尽量让家长在理性而稳定的状态下表达他的不满。

七、做好记录

和家长面对面交流，这是表示你对他最重视的方式，记录完后，再询问家长并进行确认。

八、协商解决方案

可以先提出办法征求顾客的意见，询问顾客希望解决的方法。

九、立即采取行动

清晰明了地告诉家长你要采取什么样的行动，做出承诺，并立即实施。

十、跟踪结果

必须做到把这件事处理完为止，必须彻底解决问题，让家长满意。

以上就是做好服务的要点，其实关于如何做好服务还可以列举更多的方法，不过我想回过头来再问你一下，就是我们为什么一定要做好服务。根据有关数据统计，68%的客户流失是因为服务品质太差。如果我们能很好地服务客户，服务我们的家长，相信家长对我们信任、理解、认可都会呈螺旋形状上升，这样，你的生源就会稳步增长、快速增长。

CHAPTER 7

转介绍的核心——打造口碑

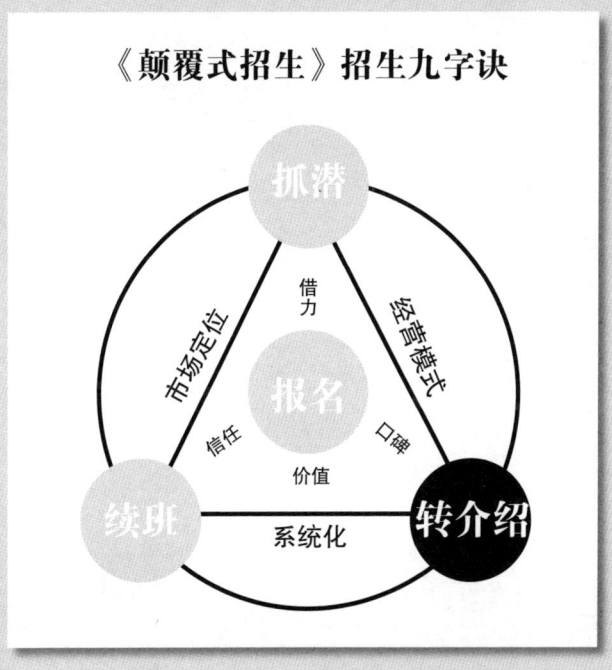

转介绍是培训机构的一个风向标，如果转介绍的比例能占到 40～50%，就说明你的续班做得很好，你的口碑也做得很好。试问一下，如果续班不好，一定是老生家长对你们的教学和服务有意见和不满才决定不继续学下去，出现这种情况，口碑可能会好吗？

反过来思考，当你的续班好了，家长认可了你的教学理念和服务，如果有人问家长哪里学画画，家长会说出你们机构的名字，说那里教学不错，孩子挺喜欢，老师认真负责，如果要学一定要去那里学。

所以，转介绍的核心是口碑！

转介绍不是靠一些返钱、返课时之类的物质刺激而产生。因为利益而来的家长，也会因为利益而去。

第一节
如何打造口碑

口碑由三个部分组成：一、产品（课程和教学），二、学生和家长的满意度，三、意料之外的惊喜。

一、口碑就是产品（课程和教学）

无论任何行业，口碑的打造一定是建立在产品之上的，少儿美术培训的产品是什么？就是课程和教学两个部分。

1. 课程：是指课程体系，就是每节课与每节课之间的关系、每个单元与单元之间的关系、每个学期之间的关系。这里要有独立性、也要有系统性、还要有递进关系。而在课程的设置上，要满足和符合孩子的自身成长规律和天性，同时还要考虑美术元素、学科元素，最后还要给家长看最终的结果。因为为校外美术培训买单的还是家长。

5. 超越家长的期望值

家长来到我们机构的初衷有很多，但是大部分都是这几点：1. 因为孩子爱画画；2. 孩子太调皮，想让孩子安静一点；3. 可能没有过多的考虑，只是看到朋友的小孩来学画画，我也要来学。

尽管初衷和目的不尽相同，但是有一点是相同的，那就是希望自己的孩子学到东西，让孩子变得更加优秀。我们作为一家校外美术教育机构，同样也是教育孩子，那我们就要对得起教育这两个字，让自己成为一个真正教书育人的人，注重教学的设计，注重发展心理学，让孩子获得更好的教育和发展。

2．教学：是能体现老师能力的地方。一样的课件、一样的教案、一样的材料、一样的孩子，但是教出来的作品可能是完全不一样的。这和老师对少儿美术的认知多少、对儿童的理解、对艺术的敏感度有关系。很多老师说："做少儿美术老师，在某种程度上要眼高手低，眼高是对艺术的鉴赏能力要高，手低只是相对，你可以画得没那么好，但是你要懂得怎么去引导孩子。"课程体系是能让孩子一直学下去的因素，而教学是孩子愿意学的原因。

以上所讲的教学只是最为基础的内容，如果想把教学做得更好，还需要投入更多的时间、精力、心血。因为教学是一件很主观的事情，没有所谓的对与错，也没有好与不好，只有学生自己觉得这个课程我上起来舒服，家长也能接受就可以。而深入去研究文化历史典故等，需要根据当地的情况进行因地制宜的调整和改变，这样才能做出符合当地特色的又属于自己的课程体系！

二、口碑建立在满意度之上

满意度是一个笼统的定义，也许一位家长对你们的满意和不满意都是在某个细节上。比如：说话、穿衣服在某个点上家长就是接受不了怎么办？其实也不能怎么办，这种要求也没办法全部都满足。

但是真实的满意度一定是在课程的呈现效果上，孩子绘画能力的提升、艺术鉴赏能力的提升、表达能力的提升。简单点说，你们的教学一定要好。

另一方面是关于家长的沟通，我们必须清晰地把教学理念、对教育的理解，用家长能理解的语言和方式传递给家长。如果不能用家长理解的语言和方式告诉家长少儿美术是什么，也许是你对少儿美术这个行业的认识和了解还不够深入。如果真的进行了很深入的钻研，你就要用更加浅显的语言和方式把你的想法传递给家长。

提升满意度可以从以下几点中做到：

1. 每一位老师都是机构的主人

如果想要建立家长的满意度，不但要从自己做起，更要从机构的每一个人做起，就是说我们机构的每一位老师都要有这种意识，机构不是校长一个人的，而是全体老师共同拥有的。这要求校长要建立一个良好的分配机制和团队氛围，有凝聚力、向心力、执行力等。当每位老师都能把学校的事当成自己的事时，很多问题和事情就能自动解决。

上述所讲的是理想中的状态。如果想做成这样的一个团队，就涉及很多管理的因素，因为本书主要以营销的相关内容为主，这里不做过多的解析，如果有机会专门写一本如何针对画室管理的书籍。

2. 设法想在家长前面

从服务的角度来说，我们一定要想家长之所想，甚至提前想到家长所想。在他们还没提出问题和要求之前，我们已经把各种可能遇见的问题告知家长或者已经解决了。

家长常见的一些问题，例如：为什么画得乱七八糟？为什么别的小朋友画得很好？为什么自己的孩子没有进步？孩子画画有没有天赋？等。这些问题必须在入学前，或者刚刚报名的时候通过开一场家长会，把这些家长经常问的问题解决掉。这样会减轻后续的沟通成本，从而提高家长对你们的信任度和满意度。

3. 尊重每位家长和孩子的独特性

现在是一个个性化的时代，每个人都有自己的个性，每个人都想展示自己，每个人内心都渴望着一个舞台。我们要做的就是尊重家长和孩子的个性，给他们展示自我的舞台，并把舞台的灯光、鲜花、掌声都给予他们。当成就他人的同时，也是在成就我们自己。

所以，每次活动都要以学员为中心，给他们建立一个参与与展示的舞台，这样家长和孩子从你这里获得的附加值是别的机构所不具备的，这不但是你的核心竞争力，还是你与家长建立关联的良好时机。

4. 尽量满足家长的合理需求

这里再次提醒，提升家长的满意度不是一味地满足和讨好家长，而是靠自己机构的特质、教学理念、价值观吸引家长，在沟通和互动中建立良好的关系。

三、口碑是建立在意料之外的惊喜之上的

意料之外的惊喜，是建立口碑的重要条件。如果不相信，请你回想一下，你感觉好的购物体验，应该都是建立在意料之外的惊喜之上的。以我自己举例，刚办画室的时候我买了很多的海尔电器，其实不是冲着价格、质量，而是冲着服务。当时买了很多大件的电器，买时还在想，如果搬上楼怎么办。结果送货员说会给你搬上楼，这对我们来说就省了很多的事，包括上楼后的沟通、细节，都非常好，这是一次非常好的购物体验。

重点来了，3年后（准确地说是2年零10个月），我的液晶电视突然

开不了机。我自己也找了修电视的人看了，说修不好，一定要找厂家，我抱着尝试的心情拨打了电话，工作人员进行了安排。差不多15天左右，我接到一个陌生的电话，是海尔客户："你的电视屏幕坏了，已经修不好，但是您电视保修期还没过，所以我们会给您重新寄一台新的电视机，希望您能满意我们的服务"。

如果你是我，你的反应是什么？简直不可思议！这台电视我用了快三年，坏了去维修，结果给我换了一台新的电视。你说这是不是意料之外的惊喜。当有了意料之外的惊喜，我就愿意进行传播。

最好的口碑传播，就是有人愿意分享，每个人都是最好口碑的扩散器！打造意料之外的惊喜需要做到以下几点：

1. 了解家长的抱怨

在我们的教学和服务当中，作为一名老师一定有自己的敏感度，就是能感受到家长目前的情况如何？对我们是满意？还是不满意？对我们有着什么样的期许，对我们有着怎样的建议？

这个阶段我们要全盘的接受，不要过多的辩解和反驳。当家长对我们有一定的意见和不满的时候，一定是因为我们在某些方面做的不够严谨和细致，这个时候我们要听取合理性的意见，不断地完善自我，把机构的细节不断的修复。这样我们的机构就会逐步成长为一个更强大的个体。

2. 解决家长的抱怨

当你知道家长的抱怨时还远远不够，如果你能以最快的时间解决他的问题，你的形象和能力就会在家长的心目中树立起来。比如：你买一部手机，结果发现手机有些小问题，你去找店家商量如何解决：第一种反应：

对你不理不睬，说我很忙，你手机的问题先放到这里，等我有空再帮你弄？这个有空可能就是一直没有空。第二种反应："如果说手机真的是因为从我这里买去的问题，我马上给你换一个新的"。

如果是你，你会有怎么样的反应？一定是需要能最快帮你解决问题的人。所以你要能解决家长提出来的合理性的意见，这样家长对你的信任才能不断地加强和加深。

3. 了解家长的需求

冰山模型广泛地运用在各个领域，冰山下的隐形需求和冰山上的显性需求是截然不同的。大部分人只能看见冰山上的需求，而没有看到冰山下的需求，这就要求我们不但能观察到冰山上面的需求，也要能洞察冰山下面的需求，这是两种截然不同到的概念。

只有能洞察到家长的需求，才能做好家长的服务。

4. 满足家长的需求

当我们发现了家长的需求时，我们就要尽量满足家长的需求。虽然只是一个校外美术培训机构，但是实际上我们有效地补充了校内教育体系，所以，我们的存在也是具有特别的意义。

既然孩子来我们机构是学习画画的，就一定要在绘画能力和绘画效果方面满足家长的部分需求。不能一味地迎合家长，置孩子的成长与教育规律于不顾。也不能完全由孩子信马由缰地自由发挥，这样会让家长觉得在你这里学画画没进步。

所以课程的设置一定要平衡孩子（教育规律）、学科（课程递进）、家长（所需效果）三者之间的关系。

第二节
打造口碑的三大法则

打造口碑的关键是制造话题的源头,也可以说是要设计口碑的传播源,就如同我刚才讲的海尔案例。当有了购物体验和意料之外的惊喜后,在某种特定环境中,你们的机构就成为别人口中的谈资,这些都需要一开始就要设计。可以说,在我们的营销活动当中,每一个步骤都是紧密相连的,包括口碑的打造。

一、做爆品

什么是爆品?就是令人惊叹的产品,并且可以持续地大卖的产品。能把产品做到爆品,可以说都是每个行业的翘楚。比如:苹果手机,无论你喜不喜欢,不可否认,在手机领域,苹果就是一个标杆。苹果手机仅仅占了手机市场份额的30%,但是却拿走了70%的利润,剩下的30%利润是由三星和其他品牌手机瓜分。

为什么苹果的产品一直受欢迎？答案就是产品的极致追求，这与苹果的创始人乔布斯是密切相关的。他希望他的产品每一件都如同艺术品一样，不但功能极致、外观极致、甚至体验也是极致的。至于他为什么对产品如此苛刻和要求高，这与他小时候发生的一件事有关。

有一次乔布斯的养父在家里做了一套木质家具，一般的做法是正面用好的木板，家具背后用薄一点的木板，但是乔布斯养父的做法却是后面的木板跟前面的一样厚，后面甚至比家具前面的做工更加精细。乔布斯疑惑不解地问："为什么连背后的木板都要用这么厚的，而且做得还那么认真，这些都是看不到的啊？"养父回答道："别人看不到，可是你自己知道啊！"

这件事情一直影响着乔布斯，所以把苹果的任何产品的外壳打开，里面的线路板的线条都是有美感的。这就是对产品的极致追求！

那中国有没有这种匠人匠心、追求极致的企业呢？答案是：有的。而且是中国唯一的百年企业，在中国已经有了300多年的历史，它就是中国大部分人都知道的医药企业——同仁堂。

同仁堂的祖训是："炮制虽繁必不敢省人工，品味虽贵必不敢减物力"！

这句话的意思是做工再复杂，也不能减少一个步骤，因为流程不对，药效就不对。另外一个是原材料可能因为市场的波动而产生变化，但是无论怎么变化，只要是做产品，就不能偷工减料。同仁堂的祖训的核心就是：真材实料！

但人不是机器，面对诱惑的时候难免有所动摇，所以，在这条祖训上又加上了一句话："修合无人见，存心有天知！"你做的任何事情也许没有人看见，但是老天在看着你，提醒你时时刻刻保持自省。也许别人不知道你做了什么？但是你自己知道，还有老天知道。

我们做少儿美术教育也是同样，你是真用心还是假用心，只有自己知道。我们在某种程度上也是一种手艺人，认真打磨自己的手艺，把课程做好，把课教好，这才是我们立足和发展的根本。

做一件事容易，但是想做好一件事就没有那么容易。这样想代表着你对目前的一切都觉得有进步的空间，想做得更好，想每天进步。这要求你每天保持学习、保持极强的行动力和执行力！这样你想的和做的才能一致，才能改变现状。

打造爆品的秘诀就是匠人匠心，死磕自己。把课程打磨到极致、把教学打造成极致，因为做口碑的第一点就是把教学做到极致，否则，口碑无从谈起。就如同你不会向朋友介绍一款质量有问题的产品一样。

二、做粉丝

凯文·凯利是美国著名作家，以预测互联网的发展趋势闻名，他提出了一个概念，就是粉丝经济。凯文·凯利的观点是如果你在互联网上有1000个粉丝，这1000个粉丝每个人把一年中一天的工资给你，就算是100元，1000个人也有100000元，这100000元已经可以满足一个人的基本开销。况且，有的人还不止贡献100元。

用粉丝经济运作成型的案例已经有了很多，比如：小米手机，刚刚创业的时瞄准的人群就是手机发烧友，一开始的100人，雷军都有他们的手机号码，以便随时联系和沟通。陈坤通过一个公众号，收取会员费6000万。

罗辑思维已经估值13.2亿。鹿晗的身价已经到了8000万元。

这些都是粉丝驱动的力量，他们有一些共同的特征，就是由一个人的形象、性格、价值观、专业、对粉丝的真诚所组成。粉丝经济的本质是在某些方面能引起粉丝情感共鸣的一种营销模式。

比如，逻辑思维的罗胖，每天早上60秒语音，坚持了快三年，这种很小的一件事，能坚持做三年，这种死磕自己的精神充分地说明"简单的事情重复做，重复的事情用心做"。比如鹿晗的粉丝，是一个很有系统和规划的粉丝组织，包括接什么样的工作、发展什么，鹿晗都会认真听取粉丝的意见。

这时候粉丝们会发现，他们的偶像不是高高在上，而是像朋友一样，与他并肩同行，认真听取他们的意见，并根据他们的意见调整工作的方式和方法。粉丝会感觉得到尊重，因为他们的意见偶像能听到并且改进。这种成就感和满足感是别人所替代不了的。

这就是粉丝经济的内核：吸引与互动。

我们做少儿美术教育也是这样，我们也要培养我们的粉丝，无论是小粉丝还是大粉丝，都需要我们去培养。培养的关键是：你自身所具备的特质是什么？你的特质是否能引发粉丝的情感共鸣？这些都是你要考虑到的。记住，粉丝不是你想要就有的，而是靠你的特质去吸引、培育从而成为粉丝的。

我们要做的就是把自己强大和完善起来，自己对生活、对品质、对教育、对家庭都有一些特有的感悟与想法，而这些感悟和想法还有自身性格的特质。这种价值观能吸引一部分人群，并且这些人信任你、感谢你并且对你有着极高的忠诚度。

这些不但需要人格魅力，也需要设计与经营。我们面对家长和孩子的时候就不能随心所欲地展示自我，而是要把最好的一面呈现给家长和孩子，这绝对不是献媚，而是我们所提供的教学与服务中的一部分，或者说，通过人格魅力去影响家长对我们机构的认知、判断和决策。

所以一定要把我们的家长培养成我们的粉丝！

三、做自媒体

感激伟大的互联网时代，信息可以从集群的平台分散到各个散落的区域。如果以前想获得信息是很难的，因为信息之间没有交流。而现在获得信息的方式就太多了，电视、报纸、书籍、互联网。特别是互联网的出现，打破了信息的边际，手机的普及、网速的提升，更是让农村的年轻人获得信息跟北上广深的年轻人在一个纬度上。

人们获得信息的方式变得更加多样化！特别是近年来，传统的媒体举步维艰，很多报纸杂志都逐步停刊，而新媒体却发展迅猛，视频、音频、文字、论坛、博客、微博、微信等社交媒体都在以不同形式进行创新。自媒体的出现就是通过个人的形式，链接到一群同频共振的人，而自媒体就是这群人的代言人，或吸引，或引导，或说出这群人的心里话，与具备相同的价值观的人形成共鸣。

自媒体怎么做？少儿美术培训有自媒体吗？其实我们不用想得那么复杂，对于我们来说，只要经营好自己的微信号和公共微信就可以。但是有非常重要的三点要郑重声明：自媒体一定要能写、会说、懂传播！

（一）能写。要有写作能力，因为移动互联网下的自媒体，是靠文字传递思想，也是通过文字来引起共鸣。而且这种写作方法和技巧与写传统的文章还不一样，要站在对方的角度，告诉对方你想要表达的信息。或者说，就是用口语化的方式写作，如果读出来的感觉与说话差不多，没有太书面的字眼，算是比较好的文章。同时要考虑文章的排版，因为信息太多、人们已经养成了稍微有点困难就放弃阅读的习惯。考虑和增强阅读体验，具体做法就是编辑好文章后，自己用手机反复地看，看哪里不舒服就进行调整。

（二）会说。要有表达能力，文字影响思想，语言感染情绪。我们在生活中需要一些正能量，点燃我们心中的斗志和梦想，而面对面的交流是必不可少的。我们要经常与家长沟通，沟通又分为很多形式，会说的形式是以演讲的方法来呈现。为什么要演讲？因为在特定的场合会形成气场，这个气场就会无形中提升你在家长心目中的地位和形象。当然，你说的一切都必须要言之有物、掷地有声，不是发散式地闲聊，而是有目的、有意识地进行针对性的解决问题的表达，然后让家长认可你所说的内容。

（三）懂传播。为什么要懂传播？因为你做的任何事只有你自己知道是没有任何意义的，一定要把自己做的事展示给家长看，让他们看到我们的思想、教学理念、备课过程、上课实录、课后反思、组织活动的辛苦、为了更好地教好孩子参加老师培训等。如果你不传播，别人就不知道你为了上好一节美术课付出的辛苦。我们不但要自己传播，还要不断地让孩子传播，这样家长就会更关注我们机构的动态，只有关注才能形成更大规模的传播。

转介绍的前提是家长对我们的认可与信任，这样才能转化成口碑，而口碑的建立是需要时间的累积和用心的培育。

口碑的本质可以从三点展开说明：

第一是让家长认可和了解你的教学体系。

本书反复强调教学才是招生的核心。机构里的教学要能满足孩子和家长的双重需求，这就要求课程的设置需要系统性和延续性，必须要设置8～10年的课程体系，让学生最少学3年，平均学5年。如果做不到，学生一定会流失，因为家长觉得学不到东西。

第二是用良好的沟通，建立情感。

如果想做好口碑，只有一个秘诀：沟通、沟通、沟通！只有良好的沟通才能让家长了解你的机构、了解你的理念、了解你的为人。

第三是给予家长一种特殊的优越感。

当教学做好、沟通做好后，更重要的还是要给家长一种特殊的感觉。因为人的选择不但根据理性而且靠感性决定。有时候感性也是一种感觉，我们购买的不是产品本身，而是一种感觉。但感觉是什么东西，很难用语言说清楚。我们就要给家长一种感觉，感觉选择我们就是好，感觉我们很用心，感觉把孩子放到我们这里放心。

转介绍和口碑的打造是一项长期而又艰苦的工作，不能一蹴而就，而是要脚踏实地地做好每一天、每一个细节、每一个流程。它没有速成，也没有秘诀。如果说真的有秘诀，就是不断地行动，我相信结果无论是好是坏，已经不重要了，因为你做到了全力以赴、问心无愧！

后记
Postscript

因为自己的才疏学浅，这本书写了整整三个月。里面大部分内容都是我曾经做过的真实案例，不保证一定有效，但是绝对保证真实。如果你看完后有什么心得体会或者疑问困惑，我们一起交流与探讨。

如果你看完本书还想进一步地深入了解《颠覆式招生》的内容，接下来可以参加《颠覆式招生》的培训课程。

陈磊